Christliches Hausbuch 2025

Christliches Hausbuch 2025

benno

Januar

Mi	1	Neujahr, Gottesmutter Maria	Wilhelm von Dijon, Cajus (Kai), Heinrich (Henry), Hugo
Do	2	CH: Berchtoldstag	Gregor von Nazianz, Basilius der Große, Dietmar von Prag
Fr	3		Adele von Pfalzel, Irmina (Irma) von Öhren, Odilo von Cluny
Sa	4		Angela von Foligno, Marius, Roger (Rüdiger), Christiana von Lucca
So	5	2. So. nach Weihnachten	Eduard der Bekenner, Ämiliana (Emilie), Tatjana (Tanja)
Mo	6	Erscheinung des Herrn	Kaspar, Melchior, Balthasar, Gertrud von Traunkirchen, Pia
Di	7		Raimund von Peñafort, Valentin von Rätien, Lucian von Antiochia
Mi	8		Severin von Noricum, Erhard von Regensburg, Gudrun von Brüssel
Do	9		Julian von Antinoë, Eberhard von Schäftlarn, Alix (Alice) Le Clerc
Fr	10		Gregor X., Paulus v. Theben, Adrian v. Canterbury, Wilhelm v. Donjeon
Sa	11		Paulinus v. Aquileja, Theodosius d. Gr., Lucius der Bekenner
So	12	Taufe des Herrn	Tatiana von Rom (Tanja), Hilde von Salzburg, Ernestus (Ernst)
Mo	13		Ivette v. Huy (Jutta), Gottfried v. Kappenberg, Hilmar v. Tournai
Di	14		Felix v. Nola, Berno, Christiana von Georgien, Reiner v. Arnsberg
Mi	15		Arnold Janssen, Anton von Ilbenstadt, Konrad II., Micha
Do	16		Marzellus I., Ulrich von Blücher, Tillo von Solignac (Thilo)
Fr	17		Antonius d. Einsiedler, Beatrix v. Cappenberg, Rosalina, Julian
Sa	18		Margarete von Ungarn, Priska (Priscilla), Beatrix II. von Este
So	19	2. So. im Jahreskreis	Marius und Martha, Heinrich v. Uppsala (Henrik), Pia v. Karthago
Mo	20		Fabian, Sebastian, Ursula Haider, Elisabeth von Füssenich
Di	21		Agnes v. Rom, Meinrad v. Einsiedeln, Alban Bartholomäus Roe
Mi	22		Vinzenz von Saragossa, Laura Vicuña, Irene von Rom, Walter
Do	23		Heinrich Seuse (Heiko), Hartmut von St. Gallen, Nikolaus Groß
Fr	24		Franz von Sales, Arno von Salzburg, Vera von Clermont, Eberhard
Sa	25		Bekehrung des Apostels Paulus, Wolfram, Titus Maria Horten
So	26	3. So. im Jahreskreis	Timotheus und Titus, Paula von Rom, Albert v. Cîteaux
Mo	27		Angela Merici, Paul Josef Nardini, Julian von Le Mans, Gerhard
Di	28		Thomas von Aquin, Karl der Große, Manfred von Riva
Mi	29		Sabina von Troyes, Josef Freinademetz, Valerius von Trier
Do	30		Martina, Diethild, Serena von Spoleto, Maria Ward
Fr	31		Johannes Bosco, Marcella, Hemma (Emma), Eusebius v. Viktorsberg

Dem Licht folgen

CHRISTOPH KARDINAL SCHÖNBORN

Folge dem Kompass deines Herzens

Jedes Jahr darf ich eine Sternsingergruppe begleiten. Am Dreikönigstag bin ich unterwegs mit Kindern und Jugendlichen, von Tür zu Tür, von Haus zu Haus. Ich bewundere die Ausdauer der Kinder. Nicht überall öffnen sich ihnen die Türen. Unverdrossen ziehen sie weiter und lassen einen Gruß im Briefkasten. Wenn eine Türe sich auftut, singen sie ihr Lied von den Heiligen Drei Königen aus dem Morgenland und von dem Kind, dessen Stern sie gesehen haben und der sie bis nach Betlehem geführt hat. Dann bitten sie um Spenden für Hilfsprojekte, die armen Kindern zugutekommen. Es freut mich, wenn ich dann selber ein Wort des Dankes und einen Segenswunsch hinzufügen kann. Doch wer war „das Original", die „Sterndeuter aus dem Osten", wie das Evangelium sie nennt? Zu Königen wurden sie erst in der frommen Legende. Auch ihre Namen stehen nicht in der Bibel: Caspar, Melchior und Balthasar. Deren Anfangsbuchstaben ergeben einen lateinischen Spruch: Christus mansionem benedicat (Christus segne dieses Haus). Auch ihre Zahl steht nicht im Bericht des Evangelisten Matthäus. Ihre Dreizahl wurde aus den drei Geschenken erschlossen, die sie dem „neugeborenen König der Juden" schenken.
Alle diese Ausschmückungen haben einen harten Kern. Sie sprechen von etwas, das bis heute gültig ist. Tatsache ist, dass es zur vom Evangelium angegebenen Zeit eine besondere Himmelskonstellation gab. Jupiter und Saturn ergaben gemeinsam ein Zeichen, das viel beachtet wurde. Das Besondere an unseren Sterndeutern war, dass sie nicht nur diese Konstellation studiert haben. Sie hat in ihren Herzen etwas ausgelöst. Durch sie hat der Himmel zu ihnen gesprochen und sie haben darauf geantwortet. Sie

CHRISTOPH KARDINAL SCHÖNBORN

Christoph Schönborn kam 1945 im Schloss Skalken bei Leitmeritz (heute Tschechien) zur Welt. Kurz nach Kriegsende wurde die Familie nach Österreich vertrieben. Im Alter von 18 Jahren trat Christoph Schönborn in den Dominikanerorden ein. Nach seiner Priesterweihe war er als Studentenseelsorger in Graz und Theologieprofessor in Fribourg (Schweiz) tätig. Nach seiner Bischofsweihe 1991 erfolgte 1995 die Ernennung zum Erzbischof von Wien und drei Jahre später zum Kardinal. Am 22. Januar feiert Christoph Kardinal Schönborn, Autor zahlreicher theologischer und spiritueller Bücher, seinen 80. Geburtstag.

sind aufgebrochen zu einer weiten Reise. Etwas hat sie angezogen. Oder war es jemand?
Meine Mutter hat uns öfters einen Rat gegeben, der mich bis heute begleitet: „In den kleinen Dingen entscheide mit der Vernunft, in den großen folge deinem Herzen!“ Beides haben die „Weisen aus dem Morgenland“ getan. Sie waren gebildete Leute, hatten viel studiert, ihren Verstand verwendet, um die Dinge der Natur zu ergründen. Aber sie sind dabei nicht stehen geblieben: „Wo ist der neugeborene König der Juden? Wir haben seinen Stern aufgehen sehen und sind gekommen, um ihm zu huldigen.“
Unsere Kenntnisse über das Universum sind gigantisch gewachsen. Wer ahnte damals, dass die Sterne, die man am Himmel sieht, nur ein winziger Bruchteil der Milliarden Sterne sind, die es in jeder der Milliarden Galaxien gibt? Hat uns das Wissen, das wir heute haben, ehrfürchtiger gemacht? Haben wir ein umso größeres Staunen über die Größe des Schöpfers? Oder nehmen wir das alles als selbstverständlich hin?
Eines fällt an den Sterndeutern aus dem Osten auf: Als sie den Stern sahen, der sie bis zum Haus führte, in dem sie dann das Kind und seine Mutter Maria fanden, „wurden sie von sehr großer Freude erfüllt“. Die Freude ist das untrügliche Zeichen dafür, dass wir uns vom Kompass des Herzens haben führen lassen. Wie funktioniert dieser Kompass? Wie finden wir, was er uns als Richtung anzeigt? Die Sterndeuter erhielten in Jerusalem klare Auskunft. Die Bibel, das Wort der Heiligen Schrift gab ihnen die Wegweisung. Sie tut es bis heute. Den Weg mussten sie selber gehen. Doch die Sehnsucht und die Kraft dazu kam von dem, den sie schließlich fanden und anbeteten.

MANFRED BECKER-HUBERTI

Aller Anfang geht mit

Aus dem Augustinus-Zitat „Wie der Anfang, so das Ganze“ machte der Volksmund: Der Anfang geht immer mit. Die Vorstellung, nach der Form und Inhalt eines Beginns das Nachfolgende prägen, ist uralt. Aus ihr ergab sich die Meinung, durch ein besonderes Verhalten am ersten Jahrestag das restliche Jahr prägen zu können. Schulden waren deshalb noch im alten Jahr zu begleichen. Das neue Jahr hatte man frisch gewaschen zu begrüßen; der Schmutz des alten Jahres war damit symbolisch abgewaschen. Oft gehörte neben dem Waschen noch das Tragen neuer Kleidung dazu. Und damit man im neuen Jahr genügend Geld in der Tasche hatte, trug man zum Anlocken Geld in der Tasche, aß reichlich, damit man nicht hungern musste, war fröhlich und sauber, um auch im neuen Jahr unbeschadet und gut gelaunt zu bleiben. Wenn man Neujahr etwas falsch macht, geht es das ganze Jahr verkehrt, meinten die Menschen im Erzgebirge. Dieses magische Verständnis sorgte dafür, dass Streit zu Neujahr tabu, Ordnung in allem erste Bürgerpflicht und reichliches Essen und Trinken notwendig waren, damit im neuen Jahr Streit unterblieb, die Umwelt geordnet und die Bäuche gesättigt waren. Belege für schriftliche und dann auch für gedruckte Neujahrswünsche, oft mit Neujahrssprüchen verbunden, gibt es seit dem 15. Jahrhundert.

Neujahrsbesuche waren mit dem Überbringen von Neujahrsgebäck verbunden. Das im Rheinland zum Termin übliche Gebäck heißt Neujährchen. Das Festtagsgebäck kann aber auch Neujahrskringel, -kranz, -zopf, -brezel, -striezel heißen. Als festliches Gebäck bestand es aus Weizenmehl mit Mohn, Hirse und Körnern, die Vielfalt und Überfluss symbolisieren.

Tipp von Sr. Hedwig

HUSTENSAFT AUS SCHWARZEM RETTICH

Der Saft des Schwarzen Rettichs ist ein bekanntes Hustenmittel. Er hilft vor allem bei starkem und hartnäckigem Husten. Dazu wird der Deckel der Knolle abgeschnitten und die Knolle so weit ausgehöhlt, dass noch etwa ein Zentimeter Fruchtfleisch am Rand übrig bleibt. Anschließend werden – am besten mit einer kleineren Stricknadel oder einem Nagel – ein oder zwei Löcher in den Boden des ausgehöhlten Rettichs gestochen. Dann füllt man den hohlen Rettich mit im Wasserbad erwärmtem (nicht kochen!) Bienenhonig auf und setzt ihn auf ein Glas. So lässt man den Rettich im warmen Zimmer stehen, damit der Honig langsam durch den Rettich fließen kann.
Morgens, mittags und abends den herabgeflossenen Honig, der sich mit dem Rettichsaft vermischt hat, löffelweise zu sich nehmen. Der Husten dürfte alsbald vorbei sein, weil dieses Gemisch auch zähen Schleim löst.

THEODOR FONTANE

Ein neues Buch, ein neues Jahr

Ein neues Buch, ein neues Jahr,
was werden die Tage bringen?
Wird's werden, wie es immer war,
halb scheitern, halb gelingen?
Ich möchte leben, bis all dies Glüh'n
rücklässt einen leuchtenden Funken.
Und nicht vergeht, wie die Flamm
im Kamin,
die eben zu Asche gesunken.

325. Todestag von Marguerite Bourgeoys

Als 20-Jährige trat Marguerite Bourgeoys (1620–1700) aus Frankreich der von der Spiritualität des hl. Ignatius von Loyola geprägten Gemeinschaft Christlichen Lebens bei. Sie folgte 1653 einem Ruf nach Kanada, gründete eine Mädchenschule und ein Kloster in Montréal. In Kanada, Frankreich und unter den Indianerinnen fand sie Mitschwestern. Marguerite Bourgeoys war eine Wegbereiterin der Frauenförderung und sie vertraute auf die Fähigkeiten der Indianerinnen. Papst Johannes Paul II. sprach sie 1982 heilig. Ein Museum und eine Kapelle in Montréal erinnern an Marguerite Bourgeoys, die vor 325 Jahren, am 12. Januar 1700, in Montréal starb.

100. Geburtstag von Sieger Köder

Sieger Köder (1925–2015) gilt als der bekannteste deutschsprachige Maler christlicher Bilder der Gegenwart. Seine Bilder, Glasfenster und Altäre finden sich in ganz Deutschland und im europäischen Ausland. Köder studierte ab 1947 Malerei, Zeichnen, Werken, Kunstgeschichte und Anglistik. Bis 1965 arbeitete er als Kunsterzieher. Unter dem Einfluss des Zweiten Vatikanischen Konzils entschloss sich der Oberstudienrat, mit 40 Jahren Priester zu werden. Im Jahr 2004 erschien eine Bibel-Ausgabe mit Bildern von Sieger Köder. Zeit seines Lebens blieb er ein bescheidener Mensch, was seine Aussage „Ich bin Schwabe, ich bin Pfarrer, ich male Bilder“ deutlich macht. Sieger Köder kam vor 100 Jahren, am 3. Januar 1925, in Wasseralfingen zur Welt.

80. Geburtstag von Anselm Grün

Der Benediktinerpater Anselm Grün gehört zu den erfolgreichsten und meistgelesenen spirituellen Autoren im deutschen Sprachraum. Weltweit verkaufte er seine Werke in einer Gesamtauflage von über 14 Millionen Exemplaren in über 30 Sprachen. Aktuell sind mehr als 300 Titel von ihm lieferbar. Im Alter von 19 Jahren trat Anselm Grün in die Benediktinerabtei Münsterschwarzach ein. Bis 2013 war er dort als Cellerar für die Leitung von über 20 Betrieben mit 300 Mitarbeitern verantwortlich. In seinen Kursen und Vorträgen versucht Anselm Grün, suchenden Menschen Antworten zu geben. Am 14. Januar feiert Anselm Grün seinen 80. Geburtstag.

REZEPT

Rosenkohlsuppe

für ca. 4 Personen

ZUTATEN

500 g Rosenkohl	1 l Gemüsebrühe
300 g mehlig kochende Kartoffeln	70 g Speck
1 Zwiebel	1 EL Öl
30 g Butter	2 Scheiben Toastbrot
Salz, Pfeffer, Muskat	etwas Sahne, Petersilie

ZUBEREITUNG

Rosenkohl putzen, Kartoffeln schälen, waschen und grob würfeln, Zwiebel fein hacken, Toastbrot würfeln. Butter zerlassen und Rosenkohl, Kartoffeln und Zwiebel darin andünsten. Mit der Gemüsebrühe ablöschen und ca. 20 min köcheln lassen. Speck klein würfeln, mit Öl in einer Pfanne zusammen mit dem gewürfelten Toastbrot goldbraun anbraten. Suppe pürieren, mit Salz, Pfeffer und Muskatnuss abschmecken und ggf. Sahne unterziehen. Mit Croutons, Speck und Petersilie anrichten.

Küchentipps

Garzeit
Rosenkohl sollte nicht zu lange gegart werden, da die Röschen leicht zerfallen. Die Kochzeit orientiert sich an der Größe der Röschen: Acht bis zwölf Minuten sollten ausreichen.

Vielseitige Verwendung
Verfeinert mit Pumpernickel und einem Schuss Weißwein wird eine Rosenkohlrahmsuppe ein besonderer Höhepunkt. Als Beilage zu Geflügel und Wild eignet sich Rosenkohl gedünstet und in Butter geschwenkt. Das Kohlgemüse lässt sich jedoch auch in Aufläufen, einer herzhaften Quiche oder Gratins hervorragend mit anderen Gemüsesorten wie Kohlrabi, Möhren oder Bohnen verarbeiten.

ELLEN SCHÖLER

Der König aus dem Morgenland

Die Glocken des alten Domes erfüllten die Luft mit ihrem brausenden Geläut. Claudia kam es so vor, als ob die Glocken sie zur Eile mahnten. Sie ging an der Hand ihres Vaters und wollte mit ihm Schritt halten. Aber das gelang ihr nicht, denn wo er einen Schritt machte, da machte sie zwei, und so trabte sie neben ihm her wie ein kleiner Hund. Sie fand es so schön, dass jetzt nach den großen Feiertagen noch ein Fest war, an dem man sich freuen durfte – das Fest der Heiligen Drei Könige.

„Wie lange", fragte sie ihren Vater, „wie lange dauerte die Reise der Heiligen Drei Könige?"

„Irgendwo", sagte ihr Vater, „steht von zwei Jahren geschrieben, aber so genau kann man sich auf derlei Zeitrechnungen nicht verlassen. Die Zeit kann ebenso gut kürzer oder länger gewesen sein."

„Ich wäre gern dabei gewesen, als sie mit ihren Geschenken ankamen."

„Du kannst sie ja gleich im Dom sehen. Aber halt jetzt den Mund, Claudia, sonst schluckst du zu viel kalte Luft. Heute hat's der Winter in sich."

Claudia war still. Sie fühlte mit der Hand in ihre Manteltasche und spürte, wie es knisterte. Das war ihr letzter Lebkuchen, den hatte sie sich noch schnell vom Teller genommen, bevor sie von zu Hause weggingen. Sie wollte ihn unterwegs essen, nach der Kirche. Denn auf dem Weg nach Hause hielt man es doch vor Frühstückshunger kaum mehr aus. Der Lebkuchen war mit Schokolade überzogen, und in Zuckerschrift stand darauf „Guten Appetit!".

Dann beschäftigte sich Claudia wieder in ihren Gedanken mit den Heiligen Drei Königen. Wie schwer die gereist sein mussten, auf Kamelen, und das so lange mit vielen Geschenken dabei!

Jetzt stiegen sie bereits die große Treppe zum Eingang hinauf. Aus dem Inneren des Domes drang ihnen die Musik der Orgel entgegen. „Vater", flüsterte Claudia, „nach der Messe gehen wir zur Krippe."

Der Vater nickte ihr zu. Es roch nach Weihrauch, und die großen Tannenbäume standen wie Wächter rechts und links vom Altar.

Nach der Messe gingen sie zur Krippe. Davor standen sehr viele Menschen; der Vater sagte zu Claudia, die sich unruhig hin und her bewegte und versuchte, sich auf die Zehenspitzen zu stellen: „Du musst abwarten. Wir können nur langsam vorrücken."

Claudia unterdrückte einen Seufzer. Sie ließ die Augen unruhig hin und her gehen. Plötzlich erblickte sie etwas. Vor Staunen blieb ihr der Mund offen stehen. An einer hohen, hellen Säule stand allein und abgesondert ein junger Mann in einem blauen Mantel. Das war doch wohl nicht möglich! Claudia kniff zuerst einmal fest die Augen zu und riss sie

dann wieder weit auf. Aber der Anblick blieb.
Der junge Mann hatte ein schwarzes Gesicht, eine breite Nase und dicke Lippen. Sein Haar sah aus, als wäre es aus lauter feinen schwarzen Drähten. Er sah traurig und müde aus. Er hielt die Hände zusammengelegt und betete. Die Leute um sich herum schien er gar nicht zu bemerken.
Einer der Heiligen Drei Könige stand da, lebendig und kein holzgeschnitztes Abbild, wie es Claudia gewöhnt war! Sicher stand er dort und wartete geduldig, bis er seine Gaben abliefern konnte; denn über der Schulter trug er einen blauen Leinenbeutel mit Schriftzeichen, die Claudia nicht lesen konnte.
Claudia kümmerte sich plötzlich gar nicht mehr darum, dass ihr Vater weiter nach vorn ging, weil nun eine Lücke vor der Krippe frei wurde. Müde, der dunkle König sah so müde aus! Vielleicht hatte er Hunger? Claudia dachte daran, dass man auf der Reise immer Hunger hat.
Da fiel ihr zum Glück der Schokoladenlebkuchen ein. Sie holte ihn aus der Tasche und ging auf den dunklen jungen Mann zu. Der erstaunte zutiefst, als er plötzlich ein kleines Mädchen vor sich stehen sah, das ihm mit einem tiefen Knicks ein in glänzendes Papier gewickeltes Paketchen überreichte.
„Weil Sie doch eine so weite Reise hatten."
Ehe er noch danken konnte, ging das kleine Mädchen schon wieder eilig von ihm fort, suchte in der Menge und fragte ein wenig zu laut in die Stille: „Papi, wo bist du?" Aber da war schon Vaters Hand, die zog sie zu sich, nahm sie bei den Schultern und schob sie vor die Krippe. Claudia sträubte sich und versuchte, nach rückwärts zu sehen.
„Claudia, was hast du nur?"
Claudia gab dem Vater keine Antwort. Sie sah noch ein letztes Mal die Gestalt im blauen Mantel, die jetzt dem Ausgang des Domes zuschritt.
Der junge Student aus Afrika hielt noch immer das Päckchen in der Hand. Er war in die Kirche gekommen, weil er sehr traurig war, denn er war fremd in der Stadt. Die Leute starrten ihn neugierig an wegen seiner dunklen Hautfarbe. Nun hatte ihm ein Kind etwas geschenkt, weil er von weit her die Reise in dieses fremde Land gemacht hatte.
Es war ihm ganz leicht zumute, als er die Treppe hinunterlief, und lächelnd dachte er daran, dass heute das Fest der Heiligen Drei Könige war.

MEDITATION

HERRMANN MULTHAUPT

Göttlicher Glanz

Welche Erhabenheit. Welcher Glanz. Mit fast überirdischer Hoheit beugt sich der erste König vor dem Wickelkind Jesus und erweist ihm hoheitsvolle Reverenz. Andächtig betrachten die anderen Personen die Szene, Maria in der Gewissheit, dass ihr göttliches Kind diese Achtung verdient, Josef in stummer Ergriffenheit und nicht wie sonst oftmals als Randfigur, die Hebamme Salome mit dem Ausdruck eines sorgenden Engels. Die anderen warten in scheuer Distanz, als sei das Geschehen Teil eines Gottesdienstes. Selbst das Kamel, das sich, wie es scheint, ungestüm nach vorn drängen möchte, hat die heiligen Personen im Blick. Die ersten Bilder mit dem Thema „Heilige Drei Könige" stammen aus dem 4. Jahrhundert als dekorative Stücke für Katakombenmalereien und Reliefs an Sarkophagen. Dieses Bild ist Teil eines Freskenzyklus, den Giotto di Bondone in den Jahren 1303 bis 1306 an die Wände und das Gewölbe der Scrovegni-Kapelle malte. Über dem Stall deutlich sichtbar steht der Stern von Betlehem, vermutlich eine der frühesten Darstellungen des Halleyschen Kometen, der 1301 mit bloßem Auge zu sehen war.

BETTINE REICHELT

Zum Beginn

Du Gott des Anfangs,
geh mit uns,
senk deinen Segen in unsere Tage,
in unsere Nächte,
Du, Gott des Anfangs,
geh mit uns.

Du, Gott des Weges,
trage uns,
breit unter uns aus
deinen Teppich aus Liebe,
deinen Teppich aus Güte,
Du, Gott des Weges,
trage uns.

Du, Gott der Zukunft,
leite uns,
ebne den Pfad, den wir tastend erkunden,
den wir tanzend erfahren.
Du, Gott der Zukunft,
leite uns heilsam.

REISETIPP

STEPHANSDOM ZU WIEN

Die Baugeschichte des Stephansdoms nahm im 12. Jh. ihren Anfang. Mit der Grundsteinlegung für das Langhaus begann 1359 die wichtigste Bauphase, in deren Verlauf einer der vollkommensten gotischen Dome entstehen sollte. Hans von Prachatitz vollendete 1433 den „Steffel" genannten, 137 m hohen Südturm, der nach Ulm und Köln dritthöchste Kirchturm Europas.
Zusammen mit dem riesigen Dach in bunter Ziegelmusterung ist der „Steffel" das Wahrzeichen von Wien. Der Turm steht völlig frei und weist keine Verbindung mit dem Dom auf. Zur reichen Ausstattung der Wiener Bischofskirche zählen der barocke Hochaltar, die aus sieben Sandsteinblöcken zusammengesetzte filigrane Pilgramkanzel – der Meister selbst verewigte sich unterhalb der Balustrade als „Fenstergucker" – und das reich geschmückte Hochgrab von Kaiser Friedrich III. aus dem Jahre 1513.
www.stephanskirche.at

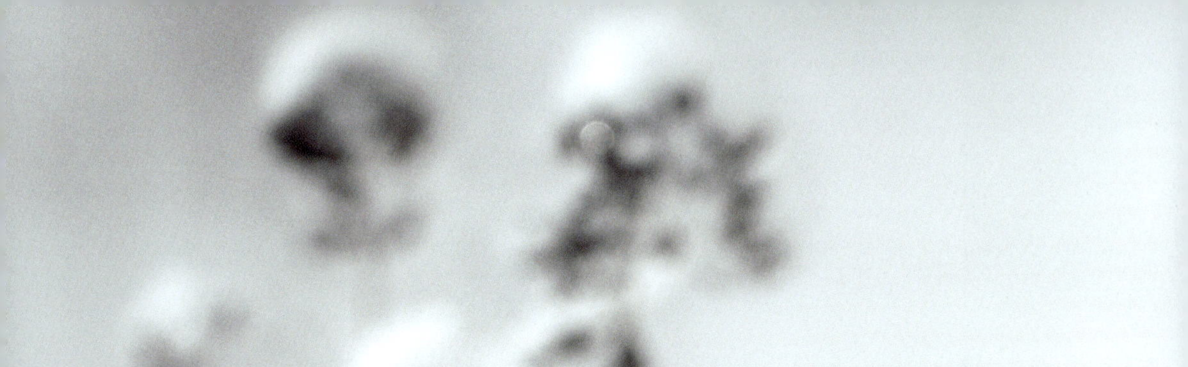

Februar

Sa	1		Brigitta v. Kildare, Sigisbert III., Severus, Katharina Kasper
So	2	Darstellung des Herrn	Dietrich von Minden, Bodo, Alfred Delp, Markward
Mo	3		Blasius, Simeon u. Hanna, Ansgar v. Hamburg-Bremen, Alojs Andritzki
Di	4		Rabanus Maurus, Veronika, Gilbert v. Sempringham, Christian
Mi	5		Agatha v. Catania, Adelheid v. Vilich (Elke), Elisabeth v. Wertheim
Do	6		Paul Miki, Dorothea von Kappadokien, Hildegund von Meer
Fr	7		Richard von England, Juliana von Bologna, Petrus Werhun, Ava
Sa	8		Hieronymus Ämiliani, Josefine Bakhita, Milada
So	9	5. So. im Jahreskreis	Anna Katharina Emmerick (Antje), Julian v. Speyer, Lambert v. Neuwerk
Mo	10		Wilhelm v. Malavalle, Bruno v. Minden, Scholastika, Hugo v. Fosses
Di	11		Unsere Liebe Frau in Lourdes, Anselm v. Rot, Theodora II., Theodor
Mi	12		Benedikt von Aniane, Gregor II., Antonius
Do	13		Christina von Spoleto, Gisela von Veltheim, Adolf von Osnabrück
Fr	14	Valentinstag	Cyrill und Method, Valentin von Terni, Johannes Garcia
Sa	15		Siegfried v. Schweden, Georgia v. Clermont, Drutmar v. Corvey, Jovita
So	16	6. So. im Jahreskreis	Juliana von Nikomedien, Simeon von Metz, Philippa Mareri, Elias
Mo	17		Alexis Falconieri, Finan v. Lindisfarne (Finn), Bonosus v. Trier
Di	18		Simon von Jerusalem, Constantia (Konstanze), Angelikus
Mi	19		Bonifatius v. Lausanne, Hedwig v. Cappenberg, Irmgard v. Aspel
Do	20		Falko von Tongern, Leo von Catania, Jordan Mai
Fr	21		Petrus Damiani, Eleonore von England, Irene von Rom, German
Sa	22		Kathedra Petri, Isabella (Elisabeth) v. Frankreich, Margareta v. Cortona
So	23	7. So. im Jahreskreis	Otto von Cappenberg, Romana von Todi, Willigis von Mainz (Willi)
Mo	24		Apostel Matthias, Ida von Hohenfels, Irmgard von Baden, Edelbert
Di	25		Walburga von Heidenheim, Robert von Arbrissel, Cäsarius
Mi	26		Mechthild v. Sponheim, Ulrich v. Obermarchtal, Alexander v. Alexandria
Do	27		Leander von Sevilla, Markward von Prüm, Anne Heigham Line
Fr	28		Silvana, Roman von Condat, Oswald, Antonia von Florenz

Der Freiheit Raum geben

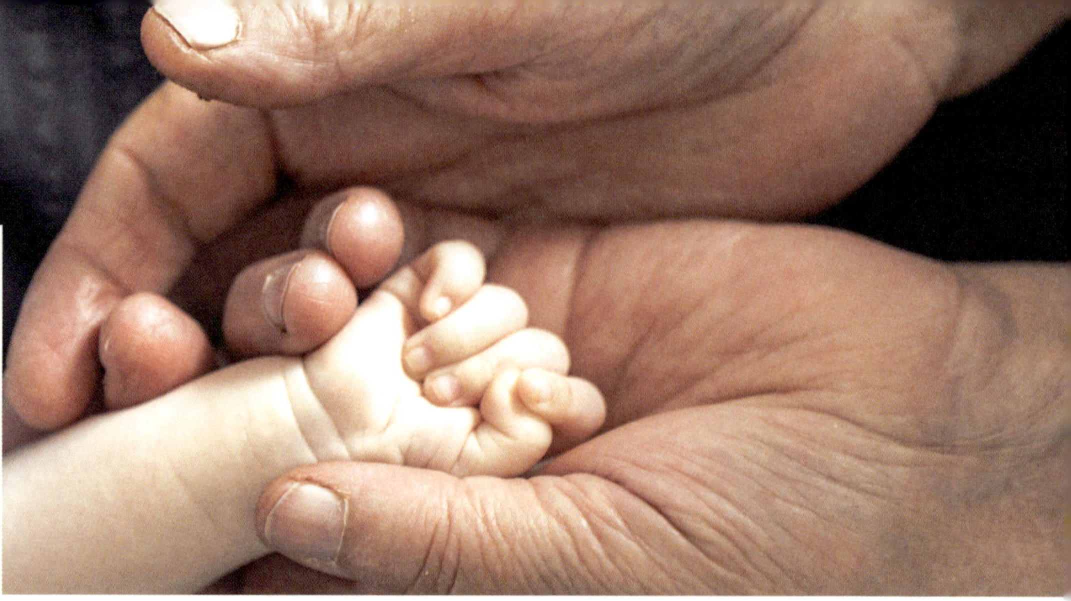

ANSELM GRÜN

Simeon und Hanna

Nicht nur die Hirten und Maria sind Vorbild für die gläubige Annahme des Gottessohnes Jesus Christus. Lukas, der Erzähler, übernimmt noch ein anderes wichtiges Motiv, das sowohl bei den Griechen als auch bei den Juden beliebt ist: der Greis, der noch etwas Besonderes erlebt.

Lukas liebt Begegnungen zwischen Menschen, die Gott selbst initiiert. In solchen Begegnungen wird das Geheimnis Gottes für den Menschen erfahrbar. Für Lukas, den Griechen, sind es immer Begegnungen mit Männern und Frauen. Beide gemeinsam erfassen das Geschehen und erkennen darin Gottes Wirken.

Aber es ist nicht nur die Polarität von Mann und Frau, die in dieser Geschichte zum Tragen kommt. Es ist auch der Gegensatz von Gesetz und Evangelium, von Freude und Leid, von Aufgerichtetwerden und dem Schmerz, den Jesus seiner Mutter bereiten wird. Es ist keine heile Welt, die Maria erwartet. In die Freude über ihren Sohn, den Gesalbten Gottes, mischt sich der Schmerz über das Schicksal, das er erleiden wird. Hier zeigt Lukas die gegensätzliche Erfahrung unserer eigenen Seele auf. Auch wir erfahren Gott als den, der unser Herz erfreut, aber auch als den Unverständlichen, der in uns Widerspruch hervorruft und uns eine schmerzliche Wandlung zumutet.

Maria und Josef erfüllen das Gesetz des Mose, indem sie das Kind nach Jerusalem bringen, um es dem Herrn zu weihen. Doch das Gesetz ist nur der Übergang zur Gnade Gottes, die in Christus erschienen ist. Mitten im vorgegebenen Ritus geschieht das Überraschende: die Begegnung mit Simeon und Hanna, die viele

LOBGESANG DES SIMEON

Nun lässt du, Herr, deinen Knecht,
wie du gesagt hast, in Frieden scheiden.
Denn meine Augen haben das Heil gesehen,
das du vor allen Völkern bereitet hast,
ein Licht, das die Heiden erleuchtet,
und Herrlichkeit für dein Volk Israel.

Lukas 2,29–32

Herzen angerührt hat. Der alte Mann hält das kleine Kind in seinen Armen und besingt das Geheimnis dieses Kindes.
In diesem Hymnus deutet Lukas in der Gestalt des Simeon das Weihnachtsgeschehen. Dieses Kind, das der alte Simeon in seinen Händen trägt, ist das Heil, nach dem sich die Frommen Israels gesehnt haben. Es ist das Licht, das auch die Heiden erleuchtet. Das Geschehen von Weihnachten gilt nicht nur den Juden, sondern der ganzen Welt. Für das Volk Israel bedeutet die Geburt Jesu Herrlichkeit. Jesus verleiht seinem Volk eine neue Würde. Israel ist das Volk, aus dem der Messias und Heiland hervorgeht. Aber dieses Volk hat kein ausschließliches Recht auf ihn. Er ist für alle Menschen auf der ganzen Welt da. Er erhellt ihre Augen und erfüllt die Sehnsucht aller Menschen in allen Religionen.
Nach dem Hymnus schildert Lukas den Widerspruch im Herzen des Simeon, aber auch in uns allen. Jesus ist Frieden und Licht, aber auch Schwert und Leiden. Maria wird ein Schwert durchdringen. Sie wird teilhaben am Leiden Jesu. Jesus bringt nicht nur Heil, sondern auch Gericht. Durch ihn wird sichtbar, wie sich Menschen gegenüber Gott verschließen. [...]
Neben Simeon erscheint Hanna. Während Simeon als ein frommer und gerechter Mann beschrieben ist, wird Hanna Prophetin genannt. Der Mann allein repräsentiert nie den Glauben, wie Lukas ihn versteht. Ihm muss immer eine Frau gegenübergestellt werden, die einen anderen Aspekt der gläubigen Aufnahme Jesu zum Ausdruck bringt. [...]
Hanna [...] ist eine betende Frau. [...] Und sie ist Prophetin. Sie sieht tiefer. Sie erblickt das, was Gott in Jesus tut: In Jesus wird die Erlösung, nach der sich die frommen Israeliten sehnen, für alle Menschen Wirklichkeit. Durch ihn werden die Menschen aus ihrer Gefangenschaft und von ihrer Entfremdung befreit. Sie werden zu freien Menschen, wie Gott sie bei seiner Erschaffung gedacht hat.

P. ECKHARD BIEGER SJ

Valentinstag

Möglicherweise hat dieser Gedenktag sehr alte Wurzeln im Zeitrhythmus des Jahres, denn er liegt 40 Tage nach dem 6. Januar. Da im Frankenreich bis zur Übernahme des römischen Kalenders durch Karl den Großen Weihnachten am 6. Januar gefeiert wurde, entspricht der 14. Februar dem Lichtmesstag, der für den 25. Dezember auf den 2. Februar fällt. Mit dem Valentinstag begann in vielen Regionen die Feldarbeit. Nun wurden keine Kerzen für die Arbeit mehr angezündet. Am Nachmittag des Tages bekamen die Gesellen und Lehrlinge frei.

Dass an dem Tag heute die Liebespaare im Mittelpunkt stehen, hat mit dem Tagesheiligen zu tun. Er traute trotz eines strikten Verbotes des Kaisers Claudius II. weiterhin Paare nach christlichem Ritus. Er erlitt um das Jahr 269 den Märtyrertod. Von Frankreich, den USA und England verbreitete sich der Brauch auch in Deutschland, dass Liebespaare sich an dem Tag etwas schenken. Die Neubestimmung als Tag der Verliebten ruft die Geschenkeindustrie auf den Plan. Blumen sind das typische Geschenk am Valentinstag.

Wie Brauchtum neu entsteht, kann man an den sogenannten Liebesschlössern ersehen, die Liebepaare an einer Brücke aufhängen, abschließen und den Schlüssel in den Fluss werfen. Dies soll die unaufhebbare Verbindung der Liebenden symbolisch darstellen. Der Brauch entstand in Rom, ausgewählt wurde die Milvische Brücke und wurde 2005 durch den Roman „Drei Meter über dem Himmel" bekannt. Ab 2009 wählten sich die Liebespaare in Köln die Eisenbahnbrücke. Der Brauch ist nicht an den Valentinstag gebunden.

WILHELM BUSCH

Liebe

Liebe – sagt man schön und richtig –
ist ein Ding, was äußerst wichtig.
Nicht nur zieht man in Betracht,
was man selber damit macht.
Nein, man ist in solchen Sachen
auch gespannt, was andre machen.

Tipp von Sr. Hedwig

DINKEL

Dinkel liefert reichlich Kohlenhydrate, dazu Ballaststoffe, wertvolles Eiweiß, das in Spuren alle essenziellen Aminosäuren enthält, und wenig Fett. Außerdem hat Dinkel teilweise mehr Mineralstoffe und Vitamine als der hochgepriesene Weizen.
Bei den Mineralstoffen stechen besonders Eisen (Blutbildung), Magnesium (Muskelbildung, -kontraktion, Reizübertragung Nerv–Muskel) und Zink hervor. Zink sorgt unter anderem für eine gesunde Haut und gute Wundheilung. Erwähnenswert ist auch sein hoher Gehalt an Kieselsäure, die sich positiv auf Denkvermögen und Konzentration sowie auf die Gesundheit von Haut und Haaren auswirken soll.
Dinkel sorgt zudem für eine gesunde Darmbewegung und ein lang anhaltendes Sättigungsgefühl. Noch etwas spricht für ihn: Wegen seines hohen Anteils an sogenanntem Klebereiweiß (Gluten) weist Dinkel hervorragende Backeigenschaften auf.

80. Todestag von Alfred Delp

Alfred Delp (1907–1945) erhielt seine Prägung durch die katholische Jugendbewegung. Er trat in den Jesuitenorden ein, wirkte als Lehrer und Erzieher und empfing 1937 die Priesterweihe. Ein wichtiges Anliegen war ihm die Aussöhnung zwischen den christlichen Konfessionen: „Wenn die Kirchen der Menschheit noch einmal das Bild einer zankenden Christenheit zumuten, sind sie abgeschrieben.“ Ab 1942 wirkte Alfred Delp im Kreisauer Kreis um Helmuth James Graf von Moltke mit. Hier entwickelte er Ideen für den Wiederaufbau des gesellschaftlichen Zusammenlebens in Deutschland in der Nachkriegszeit. Nach dem gescheiterten Attentat auf Adolf Hitler am 20. Juli 1944 wurde Alfred Delp verhaftet, wegen Hoch- und Landesverrat zum Tod verurteilt und vor 80 Jahren, am 2. Februar 1945, hingerichtet.

300. Todestag Zar Peter der Große

Peter der Große, geboren 1672, zählt zu den bedeutendsten Herrschern Russlands. Seit 1694 regierte er das Land allein. Mit der Großen Gesandtschaft bereiste er inkognito 1697/98 Preußen, die Niederlande und England. In den Niederlanden arbeitete der Zar selbst auf einer Werft und sammelte Erfahrungen im Schiffsbau. Der Werftmeister, bei dem er eine Lehre als Zimmermann begann, stellte ihm ein hervorragendes Zeugnis aus.

Zurück in Russland setzte Peter der Große zahlreiche Reformen in der Gesellschaft um. Dazu zählten die Übernahme des Julianischen Kalenders, die Einführung westeuropäischer Kleidung, die Gründung einer Akademie der Wissenschaften, eine Schriftreform und die Modernisierung der Verwaltung. Mit der Einführung einer Bartsteuer, das Tragen eines Bartes wurde als unmodern angesehen, wollte er ein weiteres äußerliches Zeichen der Modernisierung setzen. Peter der Große gründete die nach ihm benannte neue Hauptstadt Sankt Petersburg an der Ostseeküste und förderte damit auch den Handel des Landes.

Die orthodoxe Kirche Russlands betrachtete er als Gegner seiner Reformen. Nach dem Tod des Patriarchen Adrian im Jahr 1700 ersetzte ein geistliches Kollegium diese Führungsposition der Kirche. Auch die Jesuiten vertrieb er aus Russland. Seinen Beinamen „der Große“ erhielt er sowohl wegen seiner Leistungen als auch wegen seiner Körpergröße von etwas mehr als zwei Metern. Zar Peter der Große starb vor 300 Jahren am 8. Februar 1725.

REZEPT

Porree-Hackfleisch-Suppe

für 2 Personen

ZUTATEN

150 g Hackfleisch	200 g Champignons
Salz, Pfeffer	500 ml Fleischbrühe (Instant)
1 Zwiebel	50 g Schmelzkäse
3 Stangen Porree	50 ml Sahne
2–3 Kartoffeln	

ZUBEREITUNG

Hackfleisch in der Pfanne braten und würzen. Zwiebel und Porree hacken und in der Pfanne anschmoren. Rohe Kartoffeln raspeln. Brühe aufkochen, Hackfleisch, Porree, Kartoffeln, Zwiebel und Champignons dazugeben. Schmelzkäse in heißem Wasser auflösen, unterrühren und kurz vor dem Servieren mit Salz und Pfeffer abschmecken.

Küchentipps

Lauch – vielseitig verwendbar
Lauch oder Porree verleiht Fisch- und Fleischgerichten eine aromatische Würze. Als frisches Gemüse kann er als Beilage gegessen werden. Zum Suppengrün gehört er unverzichtbar mit dazu und würzt so fast alle Suppen und Eintöpfe.

Lauch im Kühlschrank
Im Kühlschrank hält sich frischer Lauch bis zu 2 Wochen. Eine Stange muss man also nicht sofort verbrauchen.

Vitamine im Winter
Porree kann man das ganze Jahr über frisch kaufen. So eignet er sich auch gut als Vitamin-C-Spender für die Winterküche. Porree versorgt den Körper aber auch mit Folsäure, Calcium und Eisen.

PETER DYCKHOFF

Sich von Unnützem befreien

Spiele, Musik, gutes Essen und Trinken, Reisen, Mode und viele andere Liebhabereien sind von Natur aus gut, und man sollte nichts Schlechtes gegen sie sagen. Sie führen in der Regel zur Freude und Entspannung und somit zum Guten. Doch besteht auch die Gefahr, wenn ich eine zu große Liebe zu diesen Dingen entwickle, dass Abhängigkeit eintritt, sodass die Dinge mich eines Tages beherrschen und ich nicht mehr Herr über sie bin. Alles, an dem ich zu sehr hänge, führt in die Abhängigkeit. Ist das, was wir im Eigentlichen sind, nicht zu kostbar, um wahllos vertan zu werden?
Es gibt leider sehr viele Menschen, die abhängig sind. Sie lassen sich nicht nur von den Dingen, sondern auch von anderen Menschen beeinflussen, sodass sie sich kaum noch zu ihrer eigenen Identität entfalten können. Indem sie fremden Eindrücken und Einflüssen zu viel Raum gewähren, schwächen sie die eigenen Seelenkräfte, die dann zusammen mit anderen gesunden Lebenskräften mehr und mehr verkümmern. Ist ein Hirsch zu fett, verbirgt er sich bei Gefahr gern im Gebüsch, anstatt vor seinen Verfolgern beizeiten davonzulaufen. Ähnlich ergeht es auch dem menschlichen Herzen. Belasten wir es mit einer übergroßen Liebe zu letztlich überflüssigen Dingen, verliert es seine Freiheit und die Offenheit zur entgegenkommenden Liebe Gottes. Unser Herz ist schwer und lässt sich immer weniger von der Gnade Gottes berühren und bewegen.

Wie Glaube konkret wird

Den Wunsch, intensiver geistlich zu leben, verspürt wohl jeder Christ irgendwann im Leben. Und seit Jahrhunderten hilft ein ganz besonderer Bestseller Menschen bei dieser Suche: die Anleitungen zum geistlichen Leben des Franz von Sales, die „Philothea". Seit seinem Erscheinen 1608 ist das Buch einer der meistgelesenen spirituellen Ratgeber. In diesem Lebensratgeber, von Peter Dyckhoff in die heutige Zeit übertragen, zeigt der Ordensgründer, Mystiker und Kirchenlehrer Franz von Sales, wie Sie mitten in den „weltlichen Pflichten" Wege der Freundschaft mit Gott gehen können.

Es ist erheiternd und schön anzusehen, wenn kleine Kinder fasziniert und geschäftig Schmetterlingen nachlaufen. Würde sich ein Erwachsener so verhalten, wirkte es lächerlich. Es sind zwar keine Schmetterlinge, aber ganz unwichtige Kleinigkeiten, für die sich viele Menschen übermäßig engagieren und ereifern. Dieses Tun ist nicht nur unnütz, sondern hinterlässt im Menschen auch Spuren, die ihn aus dem gesunden Gleichgewicht bringen.

Der bekannte geistliche Bestsellerautor Peter Dyckhoff hat die „Philothea" des Franz von Sales (1567–1622) unter dem Titel „Leben in Freundschaft mit Gott" behutsam in die heutige Zeit übertragen: in einer einfachen, verständlichen Sprache ohne religiöse Überfrachtung.

HEIDI KOWALSKY

Das einsame Schneeglöckchen

Die ersten warmen Sonnenstrahlen erreichten die Erde und brachten den Schnee zum Schmelzen. Ein Schneeglöckchen steckte sein frisches Grün aus dem Boden. Es wuchs und wuchs und entfaltete sein weißes Glöckchen. Es klingelte und sang mit zartem Stimmchen: „Der Frühling, der Frühling!"

Das hörten die Vögel und sie sagten: „Oh! Du bist viel zu früh! Der Winter ist noch nicht vorbei!" Doch das kleine Schneeglöckchen ließ sich nicht beirren und klingelte und sang: „Der Frühling, der Frühling kommt!" Die Schnecke, die Maus, der Hase und die Vögel, alle lachten das Schneeglöckchen aus. Die Katze knurrte im Vorbeigehen: „Viel zu kalt!" In der folgenden Nacht schneite es wieder. Am Morgen stand das kleine Schneeglöckchen zitternd im Schnee und sein Glöckchen klingelte vor Kälte. Die Tiere und die Vögel verhöhnten das arme einsame Schneeglöckchen und riefen: „Siehst du! Von wegen Frühling! Bist viel zu früh!" Das Schneeglöckchen wurde sehr, sehr traurig und das Glöckchen neigte sich zur Erde. Die Sonne sah das kleine Schneeglöckchen und bekam Mitleid, schickte ihre warmen Strahlen wieder zur Erde, der Schnee schmolz dahin und es wurde von Tag zu Tag wärmer. Nun wuchsen auch die anderen Schneeglöckchen und auch die Krokusse entfalteten ihre Blütenköpfe und alle sangen:

„Der Frühling kommt, der Frühling kommt!" Sie ließen ihre Glöckchen läuten, sangen ihr Liedchen und kündigten den Frühling an. Nun war das kleine Schneeglöckchen nicht mehr alleine, es hob das Glöckchen und stimmte fröhlich in den Gesang ein. Der Frühling kam mit großen Schritten und die Welt erwachte wieder zum Leben.

ALFRED DELP SJ

Lasst uns dem Leben trauen

Lasst uns dem Leben trauen,
weil diese Nacht das Licht bringen
musste.

Lasst uns dem Leben trauen,
weil wir es nicht allein zu leben haben,
sondern Gott es mit uns lebt.

REISETIPP

JESUITENKIRCHE IN MANNHEIM

Die Jesuitenkirche in Mannheim befindet sich direkt dem Schloss gegenüber und wurde zwischen 1733 und 1760 als Große Hofkirche und Grablege der kurfürstlichen Familie errichtet. Kurfürst Karl III. Philipp von der Pfalz versuchte mit Hilfe der Jesuiten die unter seinen Vorgängern reformierte Kurpfalz für die katholische Kirche zurückzugewinnen.
Die auf kreuzförmigem Grundriss errichtete Pfeilerbasilika orientiert sich an „Il Gesu", der Hauptkirche des Jesuitenordens in Rom. Das Innere vereint Spätbarock und Klassizismus. Den im Zweiten Weltkrieg zerstörten Hochaltar rekonstruierte man zwischen 1988 und 1997 originalgetreu. Sehenswert sind eine in Augsburg um 1745 geschaffene Silbermadonna im Strahlenkranz, die barocke Kanzel sowie das restaurierte Orgelgehäuse.
Alfred Delp empfing 1907 in der Mannheimer Jesuitenkirche das Sakrament der Taufe.
www.kathma-johannes23.de/

März

Sa	1		Albin von Angers, David von Menevia, Roger le Fort
So	2	8. So. im Jahreskreis	Agnes von Böhmen, Karl der Gute, Angela de la Cruz
Mo	3	Rosenmontag	Friedrich v. Mariengaarde, Katharine M. Drexel, Camilla v. Auxerre
Di	4	Fastnacht	Kasimir von Polen, Rupert von Deutz, Walburga von Neuenheerse
Mi	5	Aschermittwoch	Dietmar von Minden, Olivia von Brescia, Lucius I.
Do	6		Fridolin von Säckingen, Mechthild von Hochsal, Rosa von Viterbo
Fr	7		Perpetua und Felicitas, Volker v. Segeberg, Reinhard v. Reinhausen
Sa	8		Johannes von Gott, Felix von Dunwich, Julianus von Toledo
So	9	1. Fastensonntag	Bruno von Querfurt, Franziska von Rom, Katharina von Bologna
Mo	10		Ämilian (Emil) von Langny, Gustav von Schweden, John Ogilvie
Di	11		Rosina vom Allgäu, Ulrich von Kaisheim, Heinrich Hahn
Mi	12		Beatrix v. Engelport, Almut v. Wetter, Fina, Maximilian v. Theveste
Do	13		Leander von Sevilla, Paulina von Paulinzella, Judith von Ringelheim
Fr	14		Mathilde von Ringelheim, Eva von Lüttich, Konrad Müller
Sa	15		Louise de Marillac, Diedrich v. Andelsbuch, Klemens Maria Hofbauer
So	16	2. Fastensonntag	Heribert von Köln, Julian von Tarsus, Guntmar von Lier
Mo	17		Gertrud von Nivelles, Patrick von Irland, Konrad von Bayern
Di	18		Cyrill von Jerusalem, Felicianus (Felix), Eduard von England
Mi	19	CH: Josephstag	Josef, Marco von Montegallo, Sibylle Biscossi
Do	20	Frühlingsanfang	Irmgard von Erstein, Wolfram von Sens, Claudia, Alexandra
Fr	21		Axel von Lund, Christian von Köln, Emilie Schneider
Sa	22		Clemens August von Galen, Reinhild von Aldeneyk, Lea von Rom
So	23	3. Fastensonntag	Turibio von Mongrovejo, Rebekka Ar Rayès, Walter von Rebais
Mo	24		Katharina v. Schweden (Karin), Oscar Romero, Elias v. Rommersdorf
Di	25	Verkündigung des Herrn	Jutta von Bernried (Judith), Ancilla, Annuntiata, Lucia Filippini
Mi	26		Liudger von Münster, Larissa (Lara), Emmanuel
Do	27		Haimo von Halberstadt, Frowin von Engelberg, Ensfried von Köln
Fr	28		Guntram, Stephan Harding, Ingbert Naab
Sa	29		Ludolf v. Ratzeburg, Helmut v. Winchester, Berthold v. Kalabrien
So	30	4. Fastensonntag	Leonardo Murialdo, Amadeus IX. v. Savoyen, Ludwig v. Casoria
Mo	31		Kornelia, Clemens Fuhl, Benjamin v. Persien, Wido (Guido) v. Pomposa

Zeit der Gnade

KURT KARDINAL KOCH

Fastenzeit: Pflege des christlichen Trainings

Fasten ist heute kein Gebot, aber auch kein Privileg allein des christlichen Glaubens mehr. Die Menschen pflegen heute in vielerlei Weise zu fasten, nämlich aus ästhetischen, medizinischen und anderen Gründen. Damit freilich ist nicht jenes Fasten gemeint, das der christliche Glaube im Sinn hat. Denn das ästhetische und medizinische Fasten, das zweifellos dem Menschen guttut und zu begrüßen ist, wird zumeist um des Menschen willen, der fastet, vollzogen. Es intendiert gerade nicht, den Menschen von sich selbst zu lösen, sondern ist präzis für ihn da. Christliches Fasten hingegen meint einen Verzicht des Menschen, der ihn gerade frei von sich selbst und frei für Gott macht und ihn dadurch auch frei machen lässt für die anderen Menschen. Für den Christen geht es beim Fasten gerade nicht um seine Ichbezogenheit, sondern es öffnet ihn immer mehr auf Gott hin und damit auch für die Anliegen der Mitmenschen und ruft so in Erinnerung, dass die Liebe zu Gott auch die Liebe zum Mitmenschen einschließt: „Du sollst deinen Nächsten lieben wie dich selbst" (Mk 12,31).

Für den Christen hat das Fasten einen tiefen religiösen Sinn. Indem er den Verzicht auf sich nimmt und seinen Tisch ärmer macht, lernt er seinen Egoismus zu überwinden, um in der Glaubenslogik der Liebe und des Schenkens zu leben. In derselben Grundhaltung vollzieht der Christ in der Fastenzeit auch die Übung des Almosengebens und des Teilens. Sie widersteht der Vergötterung der Güter, der heute viele Menschen anheimfallen, und sie verhilft dazu, Gott im eigenen Leben den Vorrang zu geben und mit seinen Augen die Nöte der Armen und Bedürftigen wahrzunehmen. Dieser Ausrichtung auf Gott dient erst recht das Gebet, das in der Fastenzeit mit besonderer Intensität gepflegt wird. Denn das Gebet schenkt uns Zeit für Gott, um seinen Willen für uns, für die Kirche und die ganze Welt wahrzunehmen.

KURT KARDINAL KOCH

Der Schweizer Kurienkardinal Kurt Koch arbeitete nach dem Studium als Laientheologe, bevor er 1982 die Priesterweihe empfing. Nach einigen Jahren im Pfarrdienst und als Theologieprofessor in Luzern weihte ihn Papst Johannes Paul II. 1996 zum Bischof von Basel. Sein bischöflicher Wahlspruch lautet „Christus hat in allem den Vorrang“ (Kol 1,18). Seit 2010 leitet Kurt Koch, der im selben Jahr in das Kardinalskollegium aufgenommen wurde, den „Päpstlichen Rat zur Förderung der Einheit der Christen“. Am 15. März 2025 feiert Kurt Kardinal Koch seinen 75. Geburtstag.

Die Fastenzeit zeigt uns somit die Wege auf, die uns helfen, Gott wieder näherzukommen und uns dem Nächsten zuzuwenden. Das Fasten, das Geben von Almosen und das Gebet sind dabei die Wege, die bereits Jesus seinen Jüngern empfohlen hat und die zu den klassischen Wegweisungen in der Fastenzeit geworden sind. Jesus hat dabei einen besonderen Akzent darauf gelegt, dass diese Wegweisungen nicht nur äußerlich befolgt, sondern innerlich vollzogen werden: Die Leute sollen es nicht merken, wenn man fastet, das Almosen soll verborgen bleiben, und das Gebet soll hinter verschlossenen Türen im Verborgenen geschehen (Mt 6,1–6.16–18). Denn die Übungen in der Fastenzeit betreffen nicht nur den Leib des Menschen, sondern auch seinen Geist, wie dies in einer Fastenpräfation zum Ausdruck gebracht wird: „Durch Fasten erhebst du den Geist.“
Damit wird der eigentliche Sinn der christlichen Askese beziehungsweise des christlichen Trainings deutlich. Sie ruft in Erinnerung, dass das Leben des christlichen Glaubens kein leichter Weg ist, sondern Übung und Training braucht. Doch in diesem Training ist die Fastenzeit eine Schule der erneuten Hinwendung zu Gott und zum Mitmenschen.

P. ECKHARD BIEGER SJ

Karneval und Fastnacht

Die Begriffe weisen auf den Ursprung der „Tollen Tage“ hin. Es sind die Nächte vor dem Fasten, das Fleisch wird aus dem Speiseplan „hinweggenommen“ (von lateinisch levare und Karne, ebenfalls lateinisch carnis für Fleisch). Ein Motiv für kräftigen Fleischverzehr war auch, dass in der folgenden Fastenzeit gänzlich auf Fleisch verzichtet wurde, sodass möglichst alles aufgegessen werden musste.

Anders als Neujahr hat die Karnevalszeit keine heidnischen Ursprünge. Ihre Wurzeln liegen in den Klöstern. Dort wurde vor dem Aschermittwoch noch einmal richtig gefeiert. Die Bürger haben das übernommen und der Ausgelassenheit eine regionale Färbung gegeben.

In München hat man die Tradition der Maskenbälle übernommen, im Rheinland ist der Karneval politisch, der Elferrat erinnert an die Jakobiner, die in der französischen Revolution ein solches Gremium bildeten, um sich bewusst von der Zwölfzahl der Apostel zu unterscheiden. In der „alemannischen Fasenacht“ scheint vorchristliches Brauchtum wieder aufzutauchen. Jedoch gibt es das Karnevalsbrauchtum erst seit dem Mittelalter, und auch im Südwesten ist erwiesen, dass der Ausgangspunkt die Klöster waren. Mittelalterliches Denken zeigt sich gerade in den Masken, denn sie stellen die Laster dar und sind damit ein Vorspiel für die Fastenzeit, in der es um die Reinigung von den Sünden und eine vertiefte Distanz gegenüber dem Bösen geht. Im Karneval wird die Welt auf den Kopf gestellt, Wichtigtuerei und Überheblichkeit karikiert, auch das als eine sinnvolle Einstimmung in die Bußzeit vor Ostern.

EUGEN ROTH

Vor Ostern

Wie der Märzwind stößt und stürmelt;
dort, die graue Wolkenherde
übern Himmel hergeblasen,
stupft, mit weichen, nassen Nasen
an die Erde; so, als möchten
junge Pferde hier schon grasen.

Unterm Rasen wühlt's und würmelt.
Weidenruten wehen gelber,
wie wenn sie sich Zöpfe flöchten.
Menschen gehen auf den Straßen,
reden seltsam mit sich selber,
rührn die Hände, wild bewegt,
wie wenn mit dem Wind sie föchten.

Und dein Kind jagt aufgeregt
nach dem ersten Osterhasen.

Tipp von Sr. Hedwig

TOPINAMBUR

Bei uns ist Topinambur kaum noch verbreitet, obwohl die „Indianerkartoffel" aus Nordamerika schon seit dem Dreißigjährigen Krieg angepflanzt wurde. Die Kartoffeln verdrängten später die knollige Sonnenblume von den Feldern. Wenn man sich allerdings ein wenig umschaut, dann findet man Topinambur auf Märkten, in Feinkostgeschäften und gut sortierten Gemüseabteilungen von Supermärkten.
Die Schale der Topinambur ist hauchdünn. Deshalb muss man sie nicht unbedingt schälen, es reicht, sie gut abzubürsten. Meist wird Topinambur gegart zubereitet, ähnlich wie Kartoffeln, gekocht, gedämpft oder gebraten. Topinambur versorgt den Körper mit wertvollen Inhaltsstoffen. Die Knolle liefert uns neben den Mineralstoffen und Spurenelementen wie Kalium, Kalzium, Kieselsäure und Eisen auch noch die Vitamine A, B und C. „Diabetiker-Kartoffel" wird sie auch genannt, da sie eine hohe Süßkraft besitzt und leicht verdaulich ist.

Vor 25 Jahren – ein Papst bittet um Vergebung

Das hatte es bisher noch nicht gegeben: In einer historisch einmaligen Geste bekannte Papst Johannes Paul II. vor 25 Jahren, am 12. März 2000, die Verfehlungen in der 2000-jährigen Geschichte der Kirche und bat um Vergebung. In sieben Bekenntnissen thematisierte er das Schuldigwerden der Christen gegen die Wahrheit und gegen die Einheit der Kirche, im Verhältnis zum Volk Israel, gegen die Liebe, den Frieden oder die Würde des Menschen. Nach jeder Bitte um Vergebung wurde vor dem großen Kruzifix im Petersdom ein Licht entzündet.

Vor 150 Jahren – erster Nichteuropäer zum Kardinal erhoben

Es ist erst 150 Jahre her, dass der erste Nichteuropäer zum Kardinal ernannt wurde: John McCloskey (1810–1885). Er kam als Sohn irischer Einwanderer in Brooklyn (heute Stadtteil von New York) zur Welt. Als 17-Jähriger hatte er einen schweren Unfall und daraufhin beschloss er, Priester zu werden. Nach Studien in den USA und Rom empfing John McCloskey 1834 die Priester- und neun Jahre später die Bischofsweihe. Als Erzbischof von New York (ab 1864) forcierte er den Bau der St. Patrick's Cathedral und neuer Kirchen und Seminare in der stark wachsenden Stadt. Auch die Einrichtung von Schulen und die Unterstützung bedürftiger Kinder lagen ihm am Herzen. Vor 150 Jahren, am 15. März 1875, ernannte Papst Pius IX. Erzbischof John McCloskey zum Kardinal. Heute spiegelt sich im Kardinalskollegium die weltweite Ausdehnung der katholischen Kirche wider.

Vor 100 Jahren – Flannery O'Connor geboren

Flannery O'Connor kam vor 100 Jahren am 25. März 1925 zur Welt. Schon zu Lebzeiten galt sie als eines der größten literarischen Talente Amerikas. Aufgewachsen im protestantisch geprägten Süden der USA ging die strenggläubige Katholikin täglich zur Messe. In ihren Romanen und Kurzgeschichten suchen die Figuren der Autorin immer wieder nach Gott und dem Heiligen. „Es ist ein komischer Roman über einen Christen wider Willen und als solcher sehr ernst, denn alle komischen Romane, die etwas taugen, müssen sich um Dinge des Lebens und des Todes drehen. Dass der Glaube an Christus für manche eine Angelegenheit von Leben und Tod ist, war ein Stein des Anstoßes für Leser, die ihn lieber für ziemlich bedeutungslos ansähen", schrieb Flannery O'Connor über ihren 1952 erschienenen Roman „Wise Blood". Flannery O'Connor litt an einer Erbkrankheit und wurde nur 39 Jahre alt.

FASTENREZEPT

Gefüllte Süßkartoffeln

für 2 Personen

ZUTATEN

2 Süßkartoffeln	3 Karotten
1 Zwiebel	1 Handvoll Borretsch
150 g Kirschtomaten	1 EL Tomatenmark
200 g Spinat	250 g Sojageschnetzeltes
1 Packung Feta	

ZUBEREITUNG

Kartoffeln anstechen, mit Olivenöl bepinseln und in Alufolie bei 200 °C ca. 40 min backen. Gewürfelte Zwiebel anbraten, Sojageschnetzeltes mit Tomatenmark hinzugeben. Karotten in dünne Streifen schneiden und Feta zerkrümeln (4 EL Feta zurückbehalten). Zum Geschnetzelten Spinat, Borretsch und Feta hinzugeben, ca. 3 min weiterbraten. Abgekühlte Kartoffeln halbieren und aushöhlen (ca. 1,5 cm Rand bleiben stehen). Übrige Kartoffelmasse in die Pfanne geben. Kartoffeln befüllen, halbierte Kirschtomaten draufgeben und mit je 1 EL Feta toppen. Nochmals ca. 10 min bei 200 °C backen.

Küchentipps

Spinat
Spinat ist im Handel je nach Erntemethode in zwei Formen erhältlich: als Wurzel- oder Blattspinat. Frischer Spinat sollte möglichst noch am Tag des Einkaufs zubereitet werden.

Frischer Spinat
Beim Garen schrumpft frischer Blattspinat auf etwa 1/8 des Volumens. Deshalb sollte man die Menge des frischen Spinats immer großzügig bemessen. Auch beim Blanchieren verliert der Spinat an Masse: 100 g frischer Spinat entsprechen noch etwa 80 g blanchiertem Spinat.

Tiefkühlspinat
Hat man einmal wenig Zeit, dann kann man auch auf portionierbaren Tiefkühlspinat zurückgreifen. Aufgrund der Schockfrostung bleiben die Mineralstoffe und Vitamine erhalten.

BRIGITTE GOSSMANN

Zeit der Gnade

In der Fastenzeit geht es nicht um ein Zur-Schau-Stellen von Unwohlsein, Verzichtsgesichtern, von Fastenübungen oder um den Sieg im „Ich kann am allerbesten verzichten“. Es geht um keinen Wettbewerb, für den es am Ende einen Pokal oder eine Urkunde gibt, ob der Verzicht auf Süßes wertvoller ist als der Verzicht auf Fleisch, Autofahrten, Nikotin, Alkohol oder worauf auch immer. Es geht um ein bewusstes Wahrnehmen unseres Lebens, unseres Kind-Gottes-Seins. Die Fastenzeit ist eine Gnadenzeit, eine gesegnete Zeit, eine Zeit, in der wir uns neu unserer gelebten Werte bewusst werden dürfen.
Vielleicht haben Sie die Gelegenheit, einmal ihre „Lebens-Werte“ aufzuschreiben und während der Fastenzeit zu erweitern. Welche Werte prägen mein Leben? Dies hängt eng mit meinem Gottesbild zusammen. Ist es das Bild eines gutmütigen, milden Gottes, voller Verständnis für menschliche Schwächen, für den Schuld und Sünde kein Problem ist? Gott als unser Schöpfer ist gerecht und hat seinen Willen für uns in seinen Geboten deutlich gemacht. Die Gerechtigkeit Gottes schließt keinen Menschen aus. Und wer sein Leben nach Gottes Maßstäben ausrichtet, lebt in Gemeinschaft mit ihm. Wer seine Gebote nicht beachtet, verliert die Gemeinschaft oftmals auch zu anderen Menschen.
Die Fastenzeit bietet uns die Chance, uns neu auszurichten, zu besinnen, zu reflektieren, in welcher Beziehung ich zu Gott und meinen Mitmenschen lebe.

Herr, schenke mir Geduld

Herr, schenke mir Geduld mit mir selbst,
damit ich wahrnehme, was ich brauche,
damit ich spüre, was ich behalten und
was ich loslassen kann.
Schenke mir Ruhe und Zufriedenheit,
erde mich, bleib bei mir.

Martina Liebhäuser-Haggenmüller

MARTINA LIEBHÄUSER-HAGGENMÜLLER

Gewinn durch Verzicht

Manchmal fühlen wir uns im eigenen Leben fremd und unwohl. So als wäre der rote Faden unseres Lebens abgerissen. Die Dinge ergeben keinen Sinn mehr. Dann kommt die Fastenzeit genau richtig und wir können sie als Chance begreifen.
Es tut richtig gut, unsere Basis und unseren Halt zu suchen und mit einfachen Übungen und neuen Ideen wieder Kraft für den Alltag zu schöpfen. Die Fastenzeit bietet sich an, sich wieder neu anzuknüpfen, sich neu zu erden, sich ganzheitlich etwas Gutes zu tun. Ich möchte auf meine eigene Basis besser achten und mich an einem ausgewählten Tag in der Woche basisch ernähren, körperlich aktiv sein und mir Zeit nehmen für die Stille. Das habe ich mir vorgenommen.
Die Wortherkunft für „basisch" aus dem Griechischen „bainein" bedeutet „gehen" und gleichzeitig „feststehen". Basis bedeutet „Schritt, Gang" und „Grundlage". Interessanterweise wird mir dadurch gezeigt, dass die Basis finden oder Basenfasten nichts Statisches ist. Wir können gerade durch Schritte, die wir wagen, in Bewegung bleiben und dadurch neuen Grund und Halt finden. Fastenzeit heißt, ich darf lachen, gut und gesund leben und wieder zu mir selbst finden. Fastenzeit heißt auch loslassen.
Fastenzeit heißt, ich darf den Boden für mich bereiten, aus mir herausgehen und Schritte tun. Ich wähle meinen Fastentag in der Woche bewusst an einem freien Tag. Ich genieße die Zeit ganz, mit Körper, Geist und Seele bei mir zu sein. So wird der Verzicht zum Gewinn. Vielleicht wird der Fastentag sogar zur guten Routine im Jahr, wer weiß?

ANGELIKA WOLFF

Pfützenwetter

„Hurra, es ist Pfützenwetter!“, befand der Joja. Er presste seine Nase so lange gegen die Fensterscheibe, bis sie von seinem Atem beschlug! Dann trat er einen Schritt zurück und malte mit seinem Zeigefinger ein lachendes Gesicht auf die so gewonnene Malfläche.
Ich kam hinzu und blickte mit Grausen hinaus auf das kühle März-Schmuddelwetter. Tristes Einheitsgrau, es regnete und stürmte seit Tagen, von Frühling und Sonne keine Spur! Ein Wetter, um es sich zu Hause so richtig gemütlich zu machen!
„Wollen wir Waffeln backen?“, fragte ich also einigermaßen beunruhigt, denn ich ahnte, dass der Joja etwas im Sinn hatte, und hoffte, dass dieses verlockende Angebot von ihm nicht ausgeschlagen werden würde. „Mit Vanille-Eis“, legte ich nach! Aber der Joja schüttelte entschieden den Kopf und stellte eine Gegenfrage: „Hast du eigentlich eine Buddelhose und Gummistiefel?“ Ich musste nicht lange überlegen. „Nein“, erwiderte ich wahrheitsgemäß, „eine Buddelhose habe ich nicht, aber eine gelbe Regenjacke und im Schuppen draußen irgendwo ein Paar alte Gummistiefel!“
„Oh, prima!“, juchzte der Joja und hüpfte vor Begeisterung auf der Stelle. „Dann können wir ja zusammen raus! Wirst sehen, das wird toll!“ Und schon flitzte er auf Socken den Flur entlang, schnappte sich seine Buddelhose und Jacke, zog beides an und steckte die Füße in seine Gummistiefel. Zuletzt kam die Mütze dran. Vor mir stand in Windeseile ein kleiner Abenteurer, dem die Unternehmungslust nur so aus den Augen blitzte! „Wir können los, du Trödel-Liese“, sagte er schelmisch und lächelte seine Grübchen herbei. Das war so unwiderstehlich wie es das immer war, also seufzte ich nur kurz, schlüpfte in die Jacke und ergab mich in mein Schicksal. Als ich nach dem Regenschirm griff, monierte der Joja, dass wir den nicht brauchen würden. „Es ist besser, beide Hände frei zu haben“, befand er, „wirst schon sehen! Und außerdem haben wir doch Kapuzen!“ Ich nickte ob dieser kindlichen Logik, nahm den Schlüssel und los ging es! Im Schuppen noch schnell die angestaubten Gummistiefel an die Füße, dann flotten Schrittes dem Joja hinterher, der schon am Gartentürchen wartete. Ein heftiger Wind trieb das alte Herbstlaub vor uns her, als wir in den Feldweg Richtung Wald einbogen. „Hui, wie das braust!“, schrie der Joja! Seine roten Kinderwangen glänzten, die Augen strahlten! Dann streckte er seine Zunge heraus. „Zum Regenauffangen, mach auch mal“, ermunterte er mich und so standen wir zwei dann einige Minuten mit herausgestreckten Zungen da, bis wir vor Lachen nicht mehr konnten, weil wir fanden, dass das beim anderen ziemlich komisch aussah! „Oh, da

ist eine wunderschöne Pfütze – mit Regentropfenbildern!", schwärmte der Joja, als wir schließlich weitergingen. Ja, in der Tat, es war eine große Pfütze, ich sah es mit gewisser Sorge. Aber ich sah auch, wie der böige Wind ein ständig neues Wellenmuster auf ihre Oberfläche malte. Wie kleine Schiffchen bei schwerem Seegang trieben alte Blätter auf diesem kleinen Binnenmeer hin und her. Ab und zu verwandelte sich ein Regentropfen in eine kleine Luftblase, wenn er auf das Wasser traf. Es war, als ob das Wasser brodeln würde. Noch nie, jedenfalls bestimmt nicht im Erwachsenenalter, hatte ich mir eine Pfütze so genau betrachtet. Was ich sah, gefiel mir!

Der Joja hatte sich unterdessen nach Kinderart neben die Pfütze gehockt und staunte. „Ob sie wohl sehr tief ist, diese Pfütze, und ob man drüberspringen kann?", überlegte er laut und blickte mich fragend an. „Du wirst es rauskriegen", sagte ich und ging vorsichtshalber drei Schritte zurück. „Zusammen ist es schöner, sei kein Frosch!" Eine warme Kinderhand drängte sich in meine, zog mich sanft in Richtung Pfützenrand. „Eins, zwei, drei und dann springen wir zusammen drüber", leitete mich der Joja an. So geschah es und mit viel Glück landeten wir gemeinsam am anderen Ufer. „Jetzt jeder alleine mit den Armen so!" lautete das neue Kommando. Der Joja machte es vor, breitete seitlich seine Arme wie Flugzeugflügel aus, nahm etwas Anlauf und sprang. „Juhu", schrie er vor Vergnügen, „ich habe ein großes Meer überflogen! Wetten, du kannst das auch?!" In der Tat: Ich konnte es, sogar mehrfach! Es machte Spaß und ich kam mir kein bisschen albern vor!

Aber dann sollte die Tiefe der Pfütze gemessen werden. Mein Vorschlag, ein Stöckchen hineinzuhalten und die Tiefe damit zu messen, fand der Joja langweilig. „Wir gehen einfach hinein", sagte er. „Wozu haben wir Gummistiefel?" Also gingen wir hinein, zunächst langsam und vorsichtig, aber dann machte der Joja mit seinen kleinen Füßen plötzlich große Wellen. Das Wasser wurde trüb. Bald hatten er und ich schlammige Sommersprossen im Gesicht. „Ganz schön tief! Aber ich weiß, wie wir etwas Wasser rauskriegen können aus der Pfütze!" Nach dieser Ankündigung des Joja wurde mir nun doch etwas mulmig. „Na, dann mach mal!", ermunterte ich ihn. „Ich bin gespannt, wie du das schaffen willst!" Der Joja ließ sich nicht lange bitten. Er stellte sich an den Rand der Pfütze, ging ein bisschen in die Knie, ballte die kleinen Fäuste und sprang dann mit beiden Füßen zugleich hinein. Hui, wie das nach allen Seiten herrlich spritzte! „Jetzt du, keine Angst! Du schaffst das!" Tatsächlich konnte ich auch diese schwere Prüfung erfolgreich ablegen und war anschließend ein biss-

chen stolz auf meinen wiederentdeckten kindlichen Wagemut – ganz besonders aber auf meinen kleinen Pfützen-Lehrmeister, den Joja! Hand in Hand gingen wir nach Hause. Es gab heißen Kakao und von unserem wunderschönen Pfützenwetter-Erlebnistag erzählten wir uns noch lange!

JEAN PAUL

Die Boten des Frühlings

Wenn nun der Frühling seine Boten sendet, die Lerchen und die Quellen und die Blumen, und wenn die warmen Wolken fliegen und die Knospen brechen und nachts die Nachtigallen unter den Sternen ziehen und die Nächte gehen und die Tage kommen und zarte Herzen wonnig weinen und sich sehnen und die Nachtigallen in die Tränen schlagen und die Freuden weinen und die Schmerzen lächeln und weiße Blüten durch den blauen Himmel weben und auf Blumen niederflattern und blau und warm der Himmel ist und grün und warm die Erde und das Leben glänzt wie eine Sonne und das Sterben schimmert wie ein Mond: So glaubt der Mensch, nun komme der Lenz. Aber schon vorübergeflattert ist er, und der fliegende Gott ist den süßbetränten Augen entschwunden, noch ehe sie sich abgetrocknet; und die Menschen sehen umher und hoffen wieder auf den Frühling.

KATHARINA VON SIENA

Gott, du bist mein Vater

Gott, du bist mein Vater,
ich danke dir,
weil du das Werk deiner Hände
nicht verachtet hast.
Du hast dein Gesicht
nicht von mir gewandt.
Du bist das Licht.
Du hast über die Finsternis in mir
hinweggeschaut.

REISETIPP

KÄPPELE IN WÜRZBURG

Gegenüber der Würzburger Festung erhebt sich auf dem Nikolausberg das Käppele. Der etwas eigenartige Name bedeutet nichts weiter als „Kapelle“. Zusammen mit dem terrassenartig gegliederten Kreuzweg bildet die Wallfahrtskirche einen wesentlichen Teil der Würzburger Stadtlandschaft.
Anstelle eines Bildstockes wurde bereits 1653 eine Gnadenkapelle errichtet. Balthasar Neumann baute die Wallfahrtskirche zwischen 1747 und 1750 auf kreuzförmigem Grundriss. Die zierliche Doppelturmfront verleiht dem Äußeren einen ganz besonderen Reiz.
Matthäus Günther malte die Deckengemälde, von Johann Michael Feuchtmayer stammen die Stuckaturen. Nicht so recht wollen sich der klassizistische Hochaltar und die Kanzel in das Gesamtbild einfügen. Besser passen die 1768 geschaffenen Seitenaltäre zur bewegten Architektur des Käppele. Das Gnadenbild ist eine Pietà aus dem Jahr 1640.
www.kaeppele-wuerzburg.de

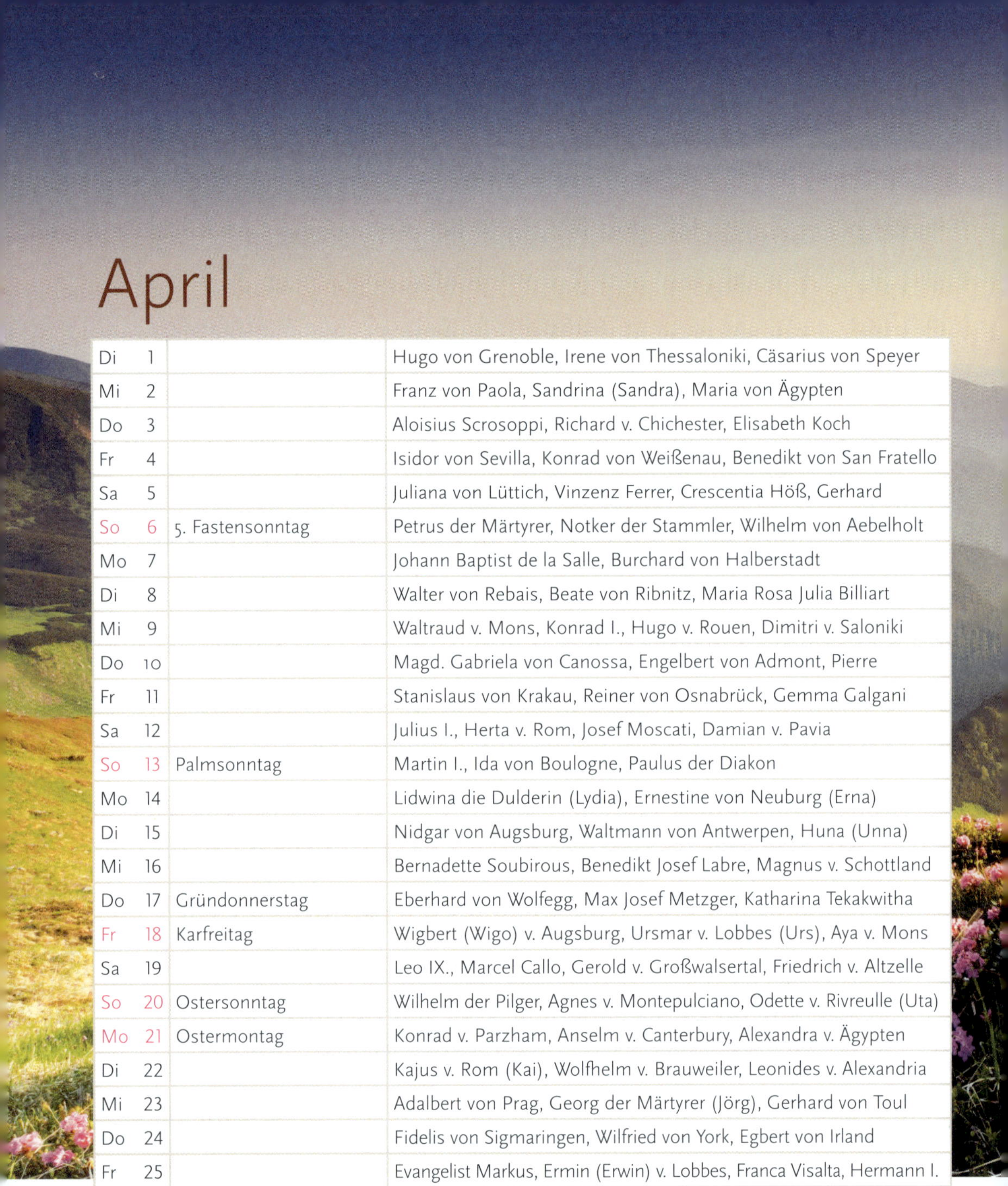

April

Di	1		Hugo von Grenoble, Irene von Thessaloniki, Cäsarius von Speyer
Mi	2		Franz von Paola, Sandrina (Sandra), Maria von Ägypten
Do	3		Aloisius Scrosoppi, Richard v. Chichester, Elisabeth Koch
Fr	4		Isidor von Sevilla, Konrad von Weißenau, Benedikt von San Fratello
Sa	5		Juliana von Lüttich, Vinzenz Ferrer, Crescentia Höß, Gerhard
So	6	5. Fastensonntag	Petrus der Märtyrer, Notker der Stammler, Wilhelm von Aebelholt
Mo	7		Johann Baptist de la Salle, Burchard von Halberstadt
Di	8		Walter von Rebais, Beate von Ribnitz, Maria Rosa Julia Billiart
Mi	9		Waltraud v. Mons, Konrad I., Hugo v. Rouen, Dimitri v. Saloniki
Do	10		Magd. Gabriela von Canossa, Engelbert von Admont, Pierre
Fr	11		Stanislaus von Krakau, Reiner von Osnabrück, Gemma Galgani
Sa	12		Julius I., Herta v. Rom, Josef Moscati, Damian v. Pavia
So	13	Palmsonntag	Martin I., Ida von Boulogne, Paulus der Diakon
Mo	14		Lidwina die Dulderin (Lydia), Ernestine von Neuburg (Erna)
Di	15		Nidgar von Augsburg, Waltmann von Antwerpen, Huna (Unna)
Mi	16		Bernadette Soubirous, Benedikt Josef Labre, Magnus v. Schottland
Do	17	Gründonnerstag	Eberhard von Wolfegg, Max Josef Metzger, Katharina Tekakwitha
Fr	18	Karfreitag	Wigbert (Wigo) v. Augsburg, Ursmar v. Lobbes (Urs), Aya v. Mons
Sa	19		Leo IX., Marcel Callo, Gerold v. Großwalsertal, Friedrich v. Altzelle
So	20	Ostersonntag	Wilhelm der Pilger, Agnes v. Montepulciano, Odette v. Rivreulle (Uta)
Mo	21	Ostermontag	Konrad v. Parzham, Anselm v. Canterbury, Alexandra v. Ägypten
Di	22		Kajus v. Rom (Kai), Wolfhelm v. Brauweiler, Leonides v. Alexandria
Mi	23		Adalbert von Prag, Georg der Märtyrer (Jörg), Gerhard von Toul
Do	24		Fidelis von Sigmaringen, Wilfried von York, Egbert von Irland
Fr	25		Evangelist Markus, Ermin (Erwin) v. Lobbes, Franca Visalta, Hermann I.
Sa	26		Ratbert von Corbie, Richarius von Centula, Helene Leuther
So	27	2. So. der Osterzeit	Petrus Kanisius, Zita, Floribert von Lüttich, Simon von Jerusalem
Mo	28		Peter Chanel, Vitalis und Valeria, Ludwig M. Grignion
Di	29		Katharina von Siena, Hugo von Cluny, Roswitha von Liesborn
Mi	30		Pius V., Bernhard II., Pauline v. Mallinckrodt, Rosamunde v. Vernon

Den Stein wegwälzen

PAPST JOHANNES PAUL II.

Jesus lebt und wir leben in ihm

Was sucht ihr den Lebenden bei den Toten? Er ist nicht hier, sondern er ist auferstanden. (Lk 24, 5–6)
Diese Worte der zwei Männer „in leuchtenden Gewändern" erwecken das Vertrauen der Frauen neu, die in aller Frühe zum Grab gelaufen waren. Sie hatten die tragischen Ereignisse erlebt, die in der Kreuzigung Christi auf Golgota gipfelten. Sie hatten Trauer und Verwirrung erfahren. Doch sie hatten ihren Herrn nicht verlassen – selbst in der Stunde der Prüfung nicht.
Heimlich gehen sie an den Ort, wo Jesus begraben worden war, um ihn noch einmal zu sehen und ihn zum letzten Mal zu umarmen. Es drängt sie die Liebe: jene Liebe, die sie dazu brachte, ihm auf den Straßen durch Galiläa und Judäa bis zum Kreuzweg zu folgen.
Glückliche Frauen! Noch wussten sie nicht, dass der Morgen des wichtigsten Tages der Geschichte anbrach. Sie konnten nicht wissen, dass sie – und gerade sie! – die ersten Zeugen für Jesu Auferstehung werden sollten.

Da sahen sie, dass der Stein vom Grab weggewälzt war. (Lk 24,2)
So erzählt es der Evangelist Lukas, und er fügt hinzu: „Sie gingen hinein, aber den Leichnam Jesu, des Herrn, fanden sie nicht" (Lk 24,3). Mit einem Schlag ändert sich alles. Jesus „ist nicht hier, sondern er ist auferstanden". Diese Kunde, die die Traurigkeit der frommen Frauen in Freude verwandelt hat, klingt unverändert und nachhaltig während der Osternacht in der Kirche wieder.
Eine einzigartige Wache in einer einzigartigen Nacht. Diese Nachtwache ist die

PAPST JOHANNES PAUL II.

Mit Johannes Paul II. wurde am 16. Oktober 1978 erstmals seit 1532 ein Nichtitaliener zum Papst gewählt. Sein über 26 Jahre währendes Pontifikat war das zweitlängste der Kirchengeschichte. Johannes Paul II. besuchte in seiner Amtszeit 129 Länder, ernannte 231 Kardinäle und nahm 482 Heiligsprechungen vor – ein Papst der Rekorde. Am 18. Mai 1920, erblickte der spätere Papst als Karol Wojtyła in der südpolnischen Kleinstadt Wadowice das Licht der Welt. Papst Johannes Paul II. starb vor 20 Jahren am 2. April 2005.

Mutter aller Nachtwachen, da die ganze Kirche in Erwartung am Grab des Messias ausharrt, der am Kreuz geopfert worden war. Die Kirche wacht und betet. Dabei hört sie die Schriften wieder, die einen Abriss über die ganze Heilsgeschichte geben. Doch in dieser Nacht behält nicht das Dunkel die Oberhand, denn es bricht der Glanz eines unvorhergesehenen Lichtes ein und verkündet die unerhörte Botschaft von der Auferstehung des Herrn. Die Erwartung und das Gebet werden so zu einem Gesang der Freude: „Exultet iam angelica turba caelorum ... Der Chor der Engel freue sich!".

Die Perspektive der Geschichte kehrt sich völlig um: Der Tod weicht vor dem Leben. Es gibt ein Leben, das nicht mehr stirbt. In der Präfation werden wir bald singen: „Indem Christus starb, hat er den Tod besiegt; in seiner Auferstehung hat er uns das Leben erworben." Das ist die Wahrheit, die wir verkünden mit Worten, aber vor allem mit unserer Existenz. Den die Frauen tot glaubten, er lebt! Ihre Erfahrung wird zur unseren.

Jesus lebt und wir leben in Ihm – für immer. Das ist das Geschenk dieser Nacht, das der Welt endgültig enthüllt hat, dass die Herrschaft Christus hat, der Sohn der Jungfrau Maria, die uns am Fuße des Kreuzes zur Mutter gegeben wurde.

Diese Nachtwache führt uns ein in einen Tag, der keinen Abend kennt. Es ist der Ostertag Christi, der für die Menschheit einen neuen Frühling der Hoffnung anbrechen lässt. „Das ist der Tag, den der Herr gemacht hat. Lasst uns jubeln und seiner uns freuen." Halleluja!

ELISA VOGGINGER

Osterlachen

Josef von Arimathäa hatte, wie es in der Bibel heißt, sein eigenes Grab für Jesus zur Verfügung gestellt. Als er am Abend des Karfreitags zu seiner Frau heimkommt, stellt diese ihn zur Rede: „Josef, wie konntest du nur? Wie stellst du dir das vor? Das ist unser Grab! Wo sollen wir bestattet werden, wenn wir einmal tot sind?" Josef antwortete: „Frau, reg dich nicht auf, das ist doch nur übers Wochenende!"

Herzhaft lachen, gerade an Ostern – ein Zeichen der Auferstehungsfreude! Das Ostergelächter (lateinisch risus paschalis) gehörte bis zum 19. Jahrhundert besonders in Bayern zum christlichen Brauchtum und wird auch heute noch in einigen Kirchgemeinden gepflegt. Dabei ist es Brauch, die Gottesdienstteilnehmenden in der Predigt zum Lachen zu bringen. Mein Heimatpfarrer schaffte dies einmal sogar völlig unabsichtlich, als er die Gemeinde nach der Osternacht mit einem „Frohe Weihnachten!" verabschiedete.

Menschen, die uns mit einem Lachen begegnen, öffnen uns das Herz, sind uns sympathisch.

Lachen befreit, entlastet die Seele. Menschen, die lachen können, sehen mehr, als was die Sinne allein wahrnehmen. An Ostern feiern wir den Sieg des Lebens über den Tod, das Aufbrechen aus dem Elend des Karfreitags – das setzt eine tiefe innere Freude frei. Das Weinen in Lachen verwandeln, das ist eine Gnade, ein Geschenk. Und das drückt das traditionelle Osterlachen aus. Ein Grund mehr, öfter im Alltag Ostern zu feiern!

Tipp von Sr. Hedwig

EHRENPREIS

Ein wenig in Vergessenheit geraten ist der Ehrenpreis. Dabei ist das Kraut vielfältig einsetzbar. Es wirkt blut- und hautreinigend, harn- und schweißtreibend, stoffwechselanregend sowie cholesterinsenkend. Der Tee allein schmeckt bitter und Mischungen mit Hauhechelwurzel, Süßholz und Schachtelhalm bieten sich an.
Abkochungen helfen auch bei Hautproblemen, vor allem bei Altersjuckreiz. Teilbäder und Waschungen mit Ehrenpreis bringen spürbare Hilfe. Ebenso helfen Mundspülungen bei Zahnfleischentzündungen, und bei Halsschmerzen empfiehlt es sich, mit Ehrenpreistee zu gurgeln.
Das brauchen Sie für eine Tinktur: 20 g Ehrenpreis werden mit 100 ml 40-prozentigem Alkohol angesetzt. Dieses Gemisch lässt man zehn Tage im Dunkeln stehen. Anschließend abseihen, abfüllen, verschließen und dunkel aufbewahren. Geschmeidiger wird die Tinktur mit einigen Tropfen Olivenöl.

CHRISTIAN MORGENSTERN

Ein Hase sitzt auf einer Wiese

Ein Hase sitzt auf einer Wiese,
des Glaubens, niemand sähe diese.

Doch, im Besitze eines Zeißes,
betrachtet voll gehalt'nen Fleißes

vom vis-à-vis geleg'nen Berg
ein Mensch den kleinen Löffelzwerg.

Ihn aber blickt hinwiederum
ein Gott von fern an, mild und stumm.

Vor 20 Jahren – Wahl von Papst Benedikt XVI.

Josef Ratzinger kam am 16. April 1927 in Marktl am Inn zur Welt. Papst Paul VI. ernannte ihn 1977 zum Erzbischof von München und Freising. 1982 erfolgte sein Wechsel nach Rom, wo er bis 2005 als Präfekt der Glaubenskongregation vorstand. Im Alter von 78 Jahren wurde er vor 20 Jahren, am 19. April 2005, als Nachfolger von Johannes Paul II. zum Papst gewählt. Er war damit der erste deutsche Papst seit über 400 Jahren. Völlig überraschend gab er im Jahr 2013 seinen Rücktritt bekannt. Seinen Ruhestand verbrachte der emeritierte Papst im umgebauten Kloster „Mater Ecclesiae“ im Vatikan. Papst Benedikt XVI. starb am 31. Dezember 2022.

80. Todestag von Dietrich Bonhoeffer

Dietrich Bonhoeffer (1906–1945) ist die wichtigste Symbolfigur des evangelischen Widerstands gegen das Dritte Reich. Von Anfang an engagierte er sich für die „Bekennende Kirche“. Nach dem Scheitern des Attentats vom 20. Juli 1944 geriet der bereits seit 16 Monaten inhaftierte Bonhoeffer in den Fokus des Regimes. Wenige Tage vor Ende des Zweiten Weltkrieges wurde Dietrich Bonhoeffer am 9. April 1945, vor 80 Jahren, im Konzentrationslager Flossenbürg ermordet. Bonhoeffers Texte werden immer wieder aufgelegt und haben bis heute nichts von ihrer Aktualität verloren.

100. Geburtstag von Sally Perel

Vor 100 Jahren, am 21. April 1925, kam Sally Perel zur Welt. Im Jahr 1990 wurde seine kurz zuvor veröffentlichte Autobiografie „Ich war Hitlerjunge Salomon“ verfilmt. Salomon Perel, so sein eigentlicher Name, stammte aus einer jüdischen Familie aus Niedersachsen, die Mitte der 1930er-Jahre nach Polen auswanderte. Beim Einmarsch der Deutschen in Polen gelang ihm die Flucht in die Sowjetunion. Doch 1941 fiel er hier deutschen Soldaten in die Hände. Er gab sich als Deutscher aus und man zog ihn als Übersetzer für die Wehrmacht heran. Ab 1942 schickte man ihn auf nationalsozialistische Schulen. Es gelang ihm bis Kriegsende, seine jüdische Identität zu verbergen. Amerikanische Soldaten befreiten Sally Perel. Nach dem Krieg wanderte er nach Israel aus. Im Jahr 1985 entschloss er sich, seine Lebensgeschichte niederzuschreiben. Ab den 1990er Jahren reiste er jedes Jahr nach Deutschland, um auf Lesungen und in Schulen aus seinem Leben zu berichten. Salomon Perel starb 2023 im Alter von 97 Jahren in Tel Aviv.

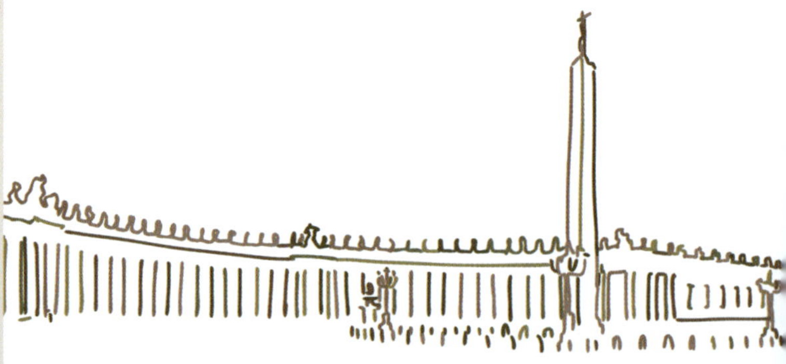

FESTTAGSREZEPT

Bärlauch-Hähnchenfilets mit Nudeln

für 4 Personen

ZUTATEN

4 Hähnchenbrustfilets	**Füllung:**
2 TL Butter	150 ml Kochsahne
2 Stängel Wilder Thymian (Quendel)	150 g Bärlauch
500 g Nudeln nach Wahl	8 getrocknete Tomaten
	1 Schuss Weißwein
	75 g Ricotta

ZUBEREITUNG

Bärlauch waschen, schneiden, getrocknete Tomaten klein schneiden und alles mit Kochsahne, Ricotta und dem Schuss Weißwein mischen, mit Salz und Pfeffer würzen. Hähnchenbrustfilets an der Seite einschneiden, Sahnefüllung hineingeben, in eine vorgefettete Backform geben. Butter schmelzen, Quendel von den Stängeln lösen, zur Butter hinzugeben, mit Salz und Pfeffer würzen. Filets mit Butter bestreichen, anschließend im Ofen ca. 15 min bei 180 °C garen. Nudeln al dente kochen und mit dem Hähnchen servieren.

Küchentipps

Bärlauch

Bärlauch ist ein Gewürz, das reich ist an Mineralstoffen und Vitaminen, vor allem Magnesium und Vitamin C. Bärlauch verleiht Soßen und Suppen den frischen Geschmack des anbrechenden Frühlings. Er lässt sich auch gut zu aromatischem Pesto verarbeiten.

Bärlauch kaufen

Beim Kauf von Bärlauch sollte man auf frische, knackig wirkende und makellose Blätter ohne Blüten achten.

Bärlauch zubereiten

Schnell und einfach bereitet man Bärlauch zu: Die Blätter abspülen, abtropfen lassen und je nach Rezept hacken oder in feine Streifen schneiden.

ELLEN ULLRICH/HILDEGUNDE KEUL

Gott des Lebens!

Gott des Lebens!
Den Stein des Todes,
den Stein, der uns
im Weg lag,
den Stein, der uns
vom Leben trennte –
Du hast ihn weggerückt
in jener Nacht.
Der Weg zum Leben
ist frei.
Das Licht des Lebens
vor Augen,
das Licht der Auferstehung
im Sinn,
das Licht von Ostern
im Herzen,
bitten wir Dich:

Segne uns, o Gott,
Stirn, Mund und Hände,
damit wir Dein Wirken
begreifen,
Deine Botschaft der Auferstehung
verkünden
und Deine Werke der Gerechtigkeit
verrichten auf Erden.

nach Mk 16,1-8

GEBET

Gott
Wälz den Stein weg
der mich hindert zu glauben
Ich möchte glauben, dass du das Leben bist
und dass du den Tod überwindest
Ich möchte glauben
dass du bereits damit begonnen und
Jesus zu einem neuen Leben auferweckt hast
Wälz den Stein weg
damit ich glaube und aufstehe
zu einem frohen Leben

Anton Rotzetter

DOMINIQUE FUCHS

Den Stein ins Rollen bringen

Ein schwerer Stein wie der Punkt am Ende eines Satzes. Schluss. Da gibt es nichts weiter dazu zu sagen.
Die Geschichte ist aus. Jesus liegt hinter diesem Stein begraben und mit ihm die Hoffnungen seiner Freunde. So fest hatten sie an ihn geglaubt. Und nun das.
Ein großer Stein. Unbeweglich, hart, kalt. So kalt wie das Gefühl in ihrer Brust, so schwer wie die Last auf ihren Schultern.
Unsere Steine sind all die Dinge, die uns belasten und die Luft zum Atmen nehmen, unter denen unsere Freude, unsere Hoffnungen und unsere Träume begraben werden: verpasste Chancen, falsche Entscheidungen, Zweifel, Ängste, fehlendes Selbstvertrauen, Überforderung, Sorgen, Ungewissheiten, unangenehme Erfahrungen ... Müssten wir diese schweren Steine alleine tragen, wir könnten nicht mehr aufrecht gehen. Vielleicht würden wir sogar einfach unter der Last zusammenbrechen. Alleine ist das alles nicht zu stemmen. Alleine bleiben diese Steine unverrückbar.
An Ostern geschieht das Unerwartete: Der Stein, der das Grab verschloss, der den Weg zum Leben versperrte, ist weggewälzt. Der unüberwindliche Schlusspunkt wird zum Doppelpunkt – zum Tor für mehr.
Die Steine in unserem Leben kommen durch Gott ins Rollen. Sie sind noch da, aber sie verlieren ihre scharfen Kanten, werden kleiner, tragbarer, sie versperren nicht mehr den Blick auf einen Weg an ihnen vorbei.
Ostern durchbricht unsere Denkmuster der Enttäuschung, der Verzweiflung, der Angst und macht deutlich, dass bei Gott alles anders ist.

STEFAN ZWEIG

Frühlingsfahrt durch die Provence

Muss man sie nicht doch einmal schelten, die verbissenen Tadler der Eisenbahn, diese melancholischen Träumer verblichener Postwagenpoesie, diese heimlichen Biedermaier, die die Schönheit der Reise nur noch in den unmodischen Kostümen unseres alten Eichendorff verstehen wollen? Als ob nicht jede Zeit ihre Schönheit hätte, als ob nicht in dem großen Umschwung der Zeit neue und grandiose Linien der Betrachtung sich gezeichnet hätten. Gibt es denn ein lieblicheres Wunder als unsere Eisenbahn von heute? Besinne Dich nur an Deine vielen Sehnsuchtstage zum Frühling hin! Wochen hast Du gewartet: Wenn der Schnee, von einem linderen Wind gestreift, niederstäubte von den Bäumen, wenn die Dächer feucht in einer falben Sonne glänzten, wenn die Luft nur etwas wärmer wehte, war Dir schon, als sei ein Glück geschehen. Du glaubtest, ihn schon zu fühlen in Deinen Händen, wenn Du die mildere Luft streiftest, meintest, ihn schon zu trinken mit Deinem Atem, dachtest, ihn zu sehen in dem Flimmern der glänzenden Äste, ihn, dem Du entgegenbangtest mit all Deiner Sehnsucht: den Frühling. Und Wochen und Wochen so zwischen Hoffnung und Enttäuschung.

Und nun – sieh' das Wunder –, da ist ein Ding, das bringt Dir den Frühling oder bringt Dich zu ihm in einem Tag, in einer Nacht. Wie Du es willst: Du kannst Dich hinlegen und ihn fertig, blühend und warm des Morgens empfangen, oder Du kannst ihn aufblühen und werden sehen in einer einzigen Fahrt, kannst sein langsames Nahen, seine stets stärkere Gewalt mit immer neuen Schauern der Beglückung verspüren. Habt Ihr das bedacht, Ihr Tadler, die Ihr die Eisenbahn „unpoetisch" findet, weil sie eisern rasselt und schwarzen Qualm durch die Landschaft jagt? Abends noch in Paris. Ein letzter Gang über die Boulevards; die Bäume sind kahl und grau, an manchen hängt noch, ganz schwach und zitternd, ein letztes falbes Blatt, das der Herbstwind zu nehmen vergessen. Mild und klar ist der Abend, aber – Du fühlst es – es fehlt ihm die Frische, der Duft. Es ist trotz Schnee und Stürmen abgelebte Luft; schmacklos und leer, denn sie hat nicht jenes Quellen der aufbrechenden Erde, wenn sie die Sonne fühlt, nicht den Pollenduft der vielen werdenden Blüten. Wochen und Wochen noch ist es bis zum Frühling. Nachts dann im Zuge. Durch Stunden nur Dunkelheit und das Gestampf der Räder durch unbekanntes Land. Morgens, ganz früh, wenn das Morgenrot noch wie ein ungeheurer Brand am Horizonte flammt, siehst Du hinaus. Leer liegen die Felder, brandrot und erdig, unbelaubt stehen die Bäume. Aber doch ist etwas in der Landschaft – Du weißt es nicht zu sagen, was es ist –, das schon vom Frühling spricht, eine Ahnung, dass die Blüten schon ganz nahe am Bast pochen, dass die Saat schon mit den unterirdischen Halmen die letzte Schichte der Erde berührt. Das Zittern der Äste im Wind scheint Dir halb noch Bitte und halb schon erfüllte Seligkeit. Und hier – ja hier, sieh' es nur, hier ist schon ein erstes Grün, das die Erde umflicht, ein helles, unsäglich zartes Grün. Und mehr und mehr: zwischen den leeren Bäumen hier und da solche, an denen schon die kleinen Schösslinge sprießen, manche schon mit großen, leuchtenden Blüten. Und immer mehr und mehr!

Jenen wundervollen Augenblick eines vielfältigen Geschehens fühlst Du, jene Tage und Wochen, in denen ein Frühling wird, zusammengepresst in eine prächtige Stunde. Denn immer lebendiger wird das Bild, farbig belebt nun durch die ersten immergrünen Bäume, durch das steigende Licht, durch Wärme und Sonnenfeuer. Und mit dem Morgen bist Du in des Frühlings Land. Hat der Frühling ein schöneres Land als die Provence? Kaum lässt es sich denken, wenn man sieht, wie in den Rahmen der Fensterscheibe sich in buntem Wechsel die blühenden Bilder stellen. Und denke der provenzalischen Lieder. Ist denn das nicht unendlich frühlingshaft, dieses zarte Minnen der Ritter um die geliebte Dame, die Pagenlieder und Aventiuren, dieser Eindruck, den wir aus Lied und Geschichte von dem blühenden Lande haben? Und so wunderbar eint sich dies alles: Kaum staunte man, würde man auf weißem Zelter einen schmucken Ritter durch diese milde, sonnige Landschaft traben sehen. Er ist hier sanft und doch groß, der Frühling, groß auch ohne jenes ungeheuere Geschehen seiner Leidenschaft, ohne den Mistral, jenen furchtbaren Föhn, der im Lande wühlt, der wie Fieber in das Blut schießt und wie Gottes Zorn in den Bäumen wettert. Norden und Süden einen sich hier wie in flüchtigem Kuss. Neben den immergrünen Sträuchern und Bäumen, die ohne Blüte und Frucht nur als Wächter der Schönheit im Lande warten, stehen friedlich jene Kulturen des Nordens, manche noch nackt und frierend, manche in dünnem Farbenflor. Und so weiß der Frühling hier doch noch zu beglücken, so gütig dem Anblicke auch der Winter ist.

Helle, freundliche Städte, Valence, Nîmes, Orange – in welcher wollte man nicht rasten? Aber der Zug wettert und eilt. Doch hier musst Du bleiben, in dieser Stadt, die so wunderbar weiß leuchtet wie ein Traumschloss, die so breit und groß sich um die Rhone schmiegt, in Avignon, der Stadt der

Päpste. Linien, wie mit lässiger Künstlerhand in das weite Gelände eingezeichnet, fesseln Deinen Blick: die weißen Straßen, flimmernder, glühender Kalk, und dazwischen jener blaue flutende Streifen des Stromes, zweimal durchquert, einmal von der weißen Brücke, das andere Mal von den Überresten jenes stolzen Bogens, mit dem Papst Benezet die Umschließung der Stadt vollkommen zu machen hoffte. Ein grandioser, düsterer Anblick muss es an Herbsttagen sein, diese hohe, herrische Papstburg, die wie ein geharnischtes Haupt hoch über der niederen Stadt droht, und die Festungswälle, mit denen diese Gewaltigen gleichsam wie mit gespreiteten, geschienten Armen den ganzen Umkreis festhielten. Aber der Frühling nimmt sacht alles Tragische dieser Zwingburg: Weiß glänzen ihre Kalkmauern ins Land, scharf in den tiefblauen Himmel eingeschnitten, ein edler Anblick ohne Strenge: Wer denkt an die Folterkammern, wer will sich daran erinnern, dass von jenem viereckigen Turme im Revolutionsjahre die Opfer in die entsetzliche Tiefe hinabgeschleudert wurden, wer will sich dessen entsinnen, wenn die Sonne so sanft und zärtlich ist? Jetzt sind grüne Gärten mit schönen Gängen zwischen den herben Mauern, und von blühenden Terrassen sieht man in das Land hinab. Und Frühling, Frühling überall.

Weiter mit dem eilenden Zuge. Vorbei an kleinen, reizenden Städtchen, vorbei an Tarascon – bonjour, monsieur Tartarin!

MARIA RADZIWON

Mitten im Dunkeln

Mitten im Dunkeln,
in der Verzweiflung,
im Traurig-Sein:
Aufstehen
Mitten im Zweifeln,
im Hadern,
im Wütend-Sein:
Aufstehen
Mitten im Müssen,
im Sollen,
Können und Dürfen:
Aufstehen
Mitten im Annehmen,
im Augen-Öffnen,
im Segen-Empfangen:
Aufstehen
und mit einem Mal begreifen,
was Ostern bedeutet.

REISETIPP

AVIGNON

Wer kennt sie nicht, die Pont-Saint Bénézet, die „Brücke von Avignon". Ein Engel befahl dem Hirten Bénézet im Traum, eine Brücke über die Rhône zu bauen. Das 22 Bögen umfassende Bauwerk war 1185 fertig. Doch ein Hochwasser zerstörte 1660 die Brücke. Die erhalten gebliebenen vier Bögen und die Kapelle machten die Brücke weltbekannt.
Fast 70 Jahre lang residierten in Avignon die Päpste. Daran erinnert bis heute der gotische Papstpalast. Die im 12. Jahrhundert erbaute Kathedrale in unmittelbarer Nachbarschaft des Palastes beherbergt auch die Grabmäler zweier Päpste. Seit 1859 bekrönt eine vergoldete Marienstatue den Westturm der Kathedrale.
www.avignon-tourisme.com/de/

Mai

Do	1	Maifeiertag	Josef der Arbeiter, Jeremia, Arnold v. Hiltensweiler, Richard Pampuri
Fr	2		Athanasius von Alexandria, Sigismund von Burgund, Zoë, Boris
Sa	3		Apostel Philippus u. Jakobus d. J., Viola, Alexander I. (Sascha, Saskia)
So	4	3. So. der Osterzeit	Florian von Lorch, Valeria, Guido von Pomposa, Cäcilia Schnur
Mo	5		Godehard v. Hildesheim, Jutta v. Sangerhausen, Irene v. Thessaloniki
Di	6		Antonia v. Nikomedien, Gundula v. Mailand, Markward v. Wilten
Mi	7		Gisela von Ungarn, Helga von Niedernburg, Rosa Venerini
Do	8		Desideratus von Burges (Désiré), Friedrich von Hirsau, Ulrika Nisch
Fr	9		Beatus, Ottokar III., Volkmar von Niederaltaich, Maria Theresia
Sa	10		Damian de Veuster, Johannes v. Ávila, Antonius v. Florenz
So	11	4. So. d. Osterz., Muttertag	Mamertus von Vienne, Joachim Tabernitz, Lucina, Gangolf
Mo	12		Pankratius, Johanna von Portugal, Nereus und Achilleus
Di	13		Servatius v. Tongern, Maria Domenica Mazzarello, Agnes v. Poitiers
Mi	14		Bonifatius von Tarsus, Christian von Galatien, Corona (Stephana)
Do	15		Sophia v. Rom, Rupert v. Bingen, Heinrich v. Ebrantshausen
Fr	16		Johannes Nepomuk, Aloisius (Luigi) Orione, Brendan
Sa	17		Walter von Mondsee, Paschalis Baylon, Antonia Mesina
So	18	5. So. der Osterzeit	Johannes I., Erik IX. (Erich), Felix v. Cantalice, Dietmar v. Neumünster
Mo	19		Kuno von Regensburg (Konrad), Ivo Hélory, Maria Bernarda Bütler
Di	20		Bernhardin v. Siena, Elfriede v. Mercien, Valeria, Josepha
Mi	21		Hermann Josef von Steinfeld, Konstantin der Große, Christophorus
Do	22		Rita von Cascia, Julia von Korsika, Renate von Bayern
Fr	23		Desiderius von Langres, Wi(g)bert von Gorze, Bartholomäus Bauer
Sa	24		Maria – Hilfe der Christen, Johanna, Ester, Dagmar v. Dänemark
So	25	6. So. der Osterzeit	Gregor VII., Maria Magdalena von Pazzi, Beda der Ehrwürdige
Mo	26		Philipp Neri, Alwin von Elmham, Maria Anna von Jesus
Di	27		Augustinus v. Canterbury, Bruno v. Würzburg, Julius v. Durostorum
Mi	28		Wilhelm von Aquitanien, Germanus von Paris, Margareta Pole
Do	29	Christi Himmelfahrt	Paul VI., Ursula Ledóchowska, Irmtrud, Maximin von Trier
Fr	30		Johanna von Orleans (Jeanne d'Arc), Ferdinand III., Reinhild
Sa	31		Petronilla von Rom (Petra), Mechthild von Dießen, Felix von Nicosia

Dankbarkeit leben

HANNS DIETER HÜSCH

Psalm 19

Herr
Ich will dich auch heute preisen
Und dir Dank sagen
Halleluja

Du schenkst mir wieder festen Boden
Unter meinen zerbrechlichen Füßen
Auch wenn ich zu zweit oder mit vielen gehe
Bist du an meiner Seite

Manchmal atme ich schwer
Und stolpere den Weg entlang
und befürchte:
Du hast die Erde verlassen

Doch ich bin töricht
Denn dein ist die Welt
Dein sind Himmel und Erde
Da ist kein Zwischenraum kein Unterschied
Keine Grenze

Und wenn wir gehen
Gehen wir zum Himmel
Und wenn wir kommen
Kommen wir zur Erde
Und wenn wir auf der Erde straucheln
Hebst du uns auf in den Himmel
Denn Himmel und Erde
sind Bruder und Schwester

Ich bin frohgemut
dass ich in deinem All zu Hause bin
Dein Haus
Deine Welt
Himmel und Erde
Du hältst alle und alles zusammen

100. GEBURTSTAG VON HANNS DIETER HÜSCH

Der Kabarettist Hanns Dieter Hüsch (1925–2005) bleibt vielen unvergessen durch seine großen Auftritte auf Kirchentagsbühnen, denn das „schwarze Schaf vom Niederrhein" war auch ein fröhlicher Christ. Mit Humor und Herzlichkeit bekannte er sich zu Gott, sprach von seiner Liebe und seinem Segen für alle Welt und alle Zeit. Hanns Dieter Hüsch wurde vor 100 Jahren, am 6. Mai 1925, in Moers geboren.

Weh denen die dein Kunstwerk zerstückeln
Und zerstören
Und dein Geheimnis von Himmel und
Erde
Verraten und verkaufen
Sie werden sich in ihren Netzen verstricken
Alles wissen und alles preisgeben
Doch weder auf Erden noch im Himmel
Ein Zuhause finden

Herr wir haben nur dich
Deine Welt soll in uns sein
Solange du Himmel und Erde vermählst
Und beschützt
Und uns weiterhin gnädig bist.

Amen

P. ECKHARD BIEGER SJ

Christi Himmelfahrt

Dieses Fest wird entsprechend der Notiz in der Apostelgeschichte seit dem 4. Jahrhundert am 40. Tag nach Ostern gefeiert. „Ihnen hat er nach seinem Leiden durch viele Beweise gezeigt, dass er lebt; vierzig Tage hindurch ist er ihnen erschienen und hat vom Reich Gottes gesprochen" heißt es in der Apostelgeschichte 1,3. Der auferstandene Jesus von Nazaret lebt nicht wie vorher unter den Menschen, so als sei er reanimiert worden. Er gibt sich zu erkennen, aber entzieht sich auch wieder. Die Auferweckung von den Toten bedeutet für die Jünger Jesu, dass Jesus zum Herrn eingesetzt ist, zum Herrn über den Tod, über die Welt überhaupt, dass er die Mächte des Bösen, die den Tod bringen, besiegt hat. Derjenige, der Jesus zum Herrn (Kyrios) eingesetzt und auferweckt hat, ist Gott selbst. Er handelt an Jesus und durch ihn an der Welt. Die Christen greifen zum Verständnis dieser Zusammenhänge auf alttestamentliche Texte zurück. Zugleich ist der Verweis auf das Alte Testament ein Beweis für die Messianität Jesu, denn die Verheißungen sind in ihm erfüllt: „So spricht der Herr zu meinem Herrn: Setze dich mir zur Rechten und ich lege dir deine Feinde als Schemel unter die Füße. Vom Zion strecke der Herr das Zepter deiner Macht aus: ‚Herrsche inmitten deiner Feinde!'" (Ps 110,1–2; Apg 2,34–35).

Lukas schildert die Erhöhung als Himmelfahrt, er gestaltet die Aussage von der Erhöhung als ein Geschehen, das sich vor Zeugen abspielt, und zwar sowohl in seinem Evangelium (Lk 24,50–53) als auch ausführlicher in der Apostelgeschichte (1,4–14).

Tipp von Sr. Hedwig

KAPUZINERKRESSE

Die Blüten und die jungen Samen der Kapuzinerkresse eignen sich als Gewürz in Salaten, am besten in Verbindung mit Meerrettich. Sie haben einen würzigen, scharfen Geschmack und lassen sich auch gut mal nebenbei essen. Achten Sie aber darauf, nicht zu viel zu essen, sonst kann es zu Reizungen von Magen und Darm kommen. Die schönen Blüten eignen sich auch gut als Dekoration für Käse- oder Wurstplatten.
Kapuzinerkresse wie auch die Gartenkresse wirken entzündungshemmend und antibakteriell. Somit hat die Kapuzinerkresse die angenehme Eigenschaft, nicht nur ein gutes Gewürz zu sein, sondern sie ist gleichzeitig auch ein pflanzliches Antibiotikum. Ferner nutzt man die Pflanze gegen Infektionskrankheiten, insbesondere im Nierenbereich. Kapuzinerkresse soll auch die körpereigene Abwehr aktivieren. In der Volksheilkunde verwendete man die Pflanze auch als Hautdesinfektionsmittel.

MAX DAUTHENDEY

Die Amseln haben Sonne getrunken

Die Amseln haben Sonne getrunken,
aus allen Gärten strahlen die Lieder,
in allen Herzen nisten die Amseln,
und alle Herzen werden zu Gärten
und blühen wieder.

Nun wachsen der Erde die großen
Flügel
und allen Träumen neues Gefieder,
alle Menschen werden wie Vögel
und bauen Nester im Blauen.

Nun sprechen die Bäume im grünen
Gedränge
und rauschen Gesänge zur hohen
Sonne,
in allen Seelen badet die Sonne,
alle Wasser stehen in Flammen,
Frühling bringt Wasser und Feuer
liebend zusammen.

Vor 110 Jahren – Frère Roger geboren

Roger Schutz-Marsauche (1915–2005), zeitlebens von allen nur „Frère Roger" genannt, wurde am 12. Mai 1915 – vor 110 Jahren – als Sohn einer reformierten Pfarrersfamilie geboren und studierte evangelische Theologie. Im Zweiten Weltkrieg und in der Nachkriegszeit kümmerte er sich um Kriegswaisen. 1949 gründete er mit sieben Mitbrüdern die ökumenische „Communauté de Taizé". Als deren Prior setzte er sich für die Versöhnung zwischen den Kirchen ein. Weite Verbreitung fanden die über Konfessionsgrenzen beliebten Taizé-Lieder. Jedes Jahr kommen Zehntausende Jugendliche nach Taizé und zu den am Jahresende stattfindenden Jugendtreffen.

Vor 500 Jahren – Kurfürst Friedrich der Weise gestorben

Friedrich der Weise kam 1463 in Torgau als Sohn des sächsischen Kurfürsten Ernst und seiner Frau Elisabeth von Bayern zur Welt. Mit dem Tod seines Vaters fielen ihm 1486 Kursachsen und die Kurfürstenwürde zu. Finanziell war Sachsen im ausgehenden Mittelalter ein gut ausgestattetes Land, dem die Einnahmen aus dem Silberbergbau im Erzgebirge zufielen.
Als Kind seiner Zeit wuchs Friedrich der Weise mit dem täglichen Besuch der heiligen Messe, Marien- und Heiligenverehrung und dem Reliquienkult auf. Von einer Pilgerreise ins Heilige Land brachte er eine große Anzahl Reliquien mit. Etwa 19.000 Reliquien sollen es schließlich gewesen sein, die in der Wittenberger Schlosskirche von den Gläubigen verehrt wurden. Etwa 2 Millionen Jahre betrug der Ablass, den man in Wittenberg erwerben konnte.
Friedrich der Weise förderte Kunst und Kultur. Er ließ Torgau zu seiner Residenz ausbauen, berief Lucas Cranach den Älteren zu seinem Hofmaler und gründete 1502 die Universität Wittenberg, an der auch Martin Luther lehrte. Zwar hat Friedrich der Weise Luther nie persönlich empfangen und auch seiner Theologie stand er wohl sehr reserviert gegenüber, trotzdem hielt er seine Hand schützend über ihn. Er sicherte Luther freies Geleit zum Reichstag nach Worms zu und versteckte ihn auf der Wartburg. Damit protestierte Friedrich der Weise auf seine Weise gegen das Renaissancepapsttum und schwächte die Macht des Kaisers. Zumindest indirekt unterstützte der Kurfürst damit auch Luthers Übersetzungsarbeit der Bibel. Friedrich der Weise starb am 5. Mai 1525, vor 500 Jahren. Auf dem Sterbebett empfing er das Abendmahl auf evangelische Weise mit Brot und Wein.

REZEPT

Kartoffelsalat mit roter Kresse

für 6 Personen

ZUTATEN

750 g festkochende Kartoffeln	**Dressing**
1 Glas Möhrensalat (Abtropfgewicht 190 g)	375 ml Gemüsebrühe
	3 EL Balsamico-Essig, hell
	Salz, Pfeffer
	4 EL Olivenöl
	500 g Champignons

ZUBEREITUNG

Kartoffeln kochen, pellen, in Scheiben schneiden und in eine Schüssel geben. Möhrensalat im Sieb abtropfen lassen. Dressing: Gemüsebrühe mit Balsamico-Essig, Salz und Pfeffer verrühren, Öl darunterschlagen. Möhrensalat und Dressing mit Kartoffelscheiben vermischen und ca. 30 min durchziehen lassen. Champignons putzen, in Scheiben schneiden und im erhitzten Öl in 2 Portionen hellbraun braten, mit Salz und Pfeffer würzen und zu den Kartoffeln geben. Kresse abspülen, tupfen und abschneiden. Salat mit Salz und Pfeffer abschmecken und die Kresse dazugeben.

Küchentipps

Daikonkresse

Die rote Daikonkresse erinnert im Geschmack an Kreuzkümmel (Cumin). Sie kann auch durch einfache Kresse ersetzt werden.

Vielfältig einsetzbar

Kresse passt nicht nur aufs Butterbrot, sondern auch sehr gut zu Salat, Mayonnaise, Kräuterbutter und Käse.

Vitaminspender

Gartenkresse enthält viel Vitamin C, dazu die Vitamine B1 und K sowie Carotin, Schwefel und Eisen. Sie wirkt sehr erfrischend, wird bei Frühjahrsmüdigkeit eingesetzt und soll die Produktion roter Blutkörperchen anregen.

HANNS DIETER HÜSCH

Mai

Der fünfte Monat des Jahres wird von allen geliebt, deshalb muss man auch kritisch mit ihm umgehen. Aber er ist ohne Frage ein netter Bursche, der Mai.

Maiglöckchen, Maikäfer, Maibowle, der 1. Mai, die Maischolle, also man kann stundenlang Utensilien aufzählen und sich an ihnen erfreuen und dauernd sagen: Jetzt ist eigentlich erst Frühling.

Die Farbe des Mai ist Rot.

Der Mai, müsste ich ihn personifizieren, hat rote Backen, er ist stattlich, nicht allzu stattlich, mehr im Sinne von selbstsicher und selbstbewusst, manchmal bis zum Platzen.

Er ist der Herr Wonnemond, pardon, auch Frau Wonnemond gibt es natürlich, hat auch rote Backen, oben und vorne und unten und hinten.

Wenn die beiden daherkommen, meint man immer, sie gehen zum Tanz. Gleich heben sie die Beine und springen umher.

Herr und Frau Wonnemond, ein gut aussehendes Paar, das allen wohl- und niemandem wehtun will.

Auffallend ist ja, dass es im Mai von Geburtstagen wimmelt. Es sind so viele, dass man die Hälfte dauernd vergisst: Oh, ich habe vergessen, Tante Erna eine Geburtstagskarte zu schreiben!

Im Mai, am 6., habe auch ich Geburtstag, bin auch ich auf die Welt gekommen, und zwar zusammen mit Siegmund Freud und dem deutschen Kronprinzen. Und mein Vater sagte damals immer, wenn der Kaiser wird, kriegst du schulfrei. Aus dem Kaiser ist aber nichts geworden, wie man weiß, da hatte mein Vater wieder mal so eine fixe Idee gehabt.

Ich bin ein Stier und ein Kind, ein Maikind, 1,73 groß.

Ich hätte gern noch etwas mehr Mairegen abgekriegt, denn ich wäre gern so 1,80 groß geworden.

Vielleicht stimmt der Spruch aber auch gar nicht, Mairegen macht groß. 1,80 finde ich, ist ein gutes Maß, nicht zu groß und nicht zu klein.

Der Mai ist der Monat fürs Gemüt.

Weil im Mai das Gefühl aufkommt, dass der alte Winter endlich aufgegeben hat und wieder ins Gebirge gezogen ist und uns jetzt in Ruhe lässt. Es ist ja nicht nur, dass die Sonne jetzt wieder öfter zum Vorschein kommt, man geht auch ganz anders, leichter, behender. Der Körper hebt etwas ab. Man fühlt, man denkt freier, vielleicht nicht, vielleicht nur ich, das Kind, das Maikind. Ich sauge jede Wärme auf und fliege durch die Zeit.

Ich übertreibe ein bisschen, zugegeben, aber das macht der Mai, die fünfte Kolonne unter den Monaten, der Sozialarbeiter für Seele und Sinn. Natürlich gilt es, auch noch die Reste

der berühmten Frühjahrsmüdigkeit in Frühjahrsfrohsinn zu verwandeln, andere heiter zu stimmen.
Der Mai bietet ja gerade uns Feierfritzen viele Feste an, den Maifeiertag, dann den Muttertag, Himmelfahrt, das wird wieder ein dichtes Wochenende, Pfingsten, alles Tage, an denen man sich freuen kann und rote Backen bekommt.
Der Mai ist ja das Vorprogramm des Sommers.
Irgendwelche Eisheiligen und der oder die sogenannten Siebenschläfer – man weiß ja nie, wann die so richtig dran sind, vorher oder nachher –, egal, sie können uns nicht die Petersilie verhageln.
Der Mai, der Therapeut, führt uns in hellere Gefilde und macht uns anfällig für den Gedanken, selbst was zu tun, Schönheit zu entdecken, Hoffnung zu erarbeiten.
Der Mai ist so ein Monat, der plötzlich Mut macht, ganz kleine Dinge anzupacken und auszupacken. Sekunde, ich muss mal gucken, ob ich ihn nicht zu sehr geschönt habe. Ihretwillen natürlich, lieber Leser und liebe Leserin.
Sicher kommt der Jubel etwas zu früh, vielleicht etwas zu dick, und es hängt ja noch ein bisschen von unserem eigenen derzeitigen Befinden ab, wie weit und wie stark man den Wonnemond in sich hineinsickern lassen kann, durch den Kopf und durch die Haut in das Herz.
Dazu kann ich keinen überlisten, das ist richtig.
Es gibt vielleicht auch viele Zeitgenossen, die den Mai als Schmonzetten-Monat empfinden und denen die Festivitäten zu ungeheuer sind.
Also, Kommando zurück, aus mit meiner Euphorie oder was. Als Knabe habe ich den Mai auch nicht für so wichtig gehalten, ist er mir gar nicht so stark aufgefallen.
Gott ja, der Mai, hat man gesagt, na schön, das war doch alles. Heute ist jeder Augenblick wertvoll.
Man freut sich im Voraus. Man denkt voller Glück an ihn. Natürlich kann er auch danebengehen, aber kein Monat, glaube ich, hat so viel Kredit wie der Mai.
Er hat bei allen einen besonderen Platz und man kann ihn nicht aus dem Haus werfen. Er ist oft das letzte Beispiel von dem, wie schön es früher mal war.

URSULA BERG

Der Tulpenstrauß

Dienstagabend. Es klingelte an der Tür und ein Kerl wie ein tätowierter Kleiderschrank stand vor mir. Ich erschrak heftig. Mit unerwartet leiser Stimme sagte er: „Ich war der Missetäter!“ Er deutete auf das Blumenbeet: „Ich bitte um Entschuldigung.“
Ich fühlte, wie mein angestauter Frust explodieren wollte. Doch bevor ich Luft holen konnte, überfiel er mich mit einem Wortschwall: „Sie haben mir den Tag gerettet, Muttchen. Ich kam in der Samstagnacht von einer Bikertour nach Hause und erfuhr, dass meine Mutter überraschend ins Krankenhaus gekommen war. Ich wollte sie frühmorgens besuchen. Aber es war Muttertag, und ich hatte keine Blumen. Da fiel mir ein, dass ich in Ihrem Garten wunderschöne Tulpen gesehen hatte. Das war meine Rettung. Meine Mutter hat sich riesig gefreut, als ich mit den Blumen ankam. Sie müssen wissen, dass ich kein Sohn bin, der immer an den Muttertag denkt.“
Da stand er nun vor mir, dieser Riesenkerl, mit hängenden Armen, ergeben meine Strafpredigt erwartend. Doch irgendwie fiel es mir plötzlich schwer, einen Sohn, der seiner Mutter Blumen ins Krankenhaus gebracht hatte, lautstark zu beschimpfen. „Ich habe eine ziemliche Wut auf Sie“, gestand ich. „Wie wollen Sie das wieder gutmachen?“ „Ich schlage vor, als Entschädigung helfe ich Ihnen ein paar Stunden im Garten. Einverstanden?“ Ich war einverstanden und Harry, wie er sich nannte, war eine große und sehr geschickte Hilfe. Er kam viel öfter als erwartet. Vielleicht auch, weil er meinen Erdbeerkuchen mochte. Inzwischen überlegen meine Nachbarn bereits, ob sie nicht im nächsten Jahr auch Tulpen in die Vorgärten pflanzen.

MARTIN BEHM

Wie lieblich ist der Maien

Wie lieblich ist der Maien
aus lauter Gottesgüt,
des sich die Menschen freuen,
weil alles grünt und blüht.
Die Tier sieht man jetzt springen
mit Lust auf grüner Weid,
die Vöglein hört man singen,
die loben Gott mit Freud.

REISETIPP

SCHLOSSKIRCHE IN TORGAU

Über der Elbe in Torgau erhebt sich das im 15. und 16. Jahrhundert im Stil der Renaissance erbaute Schloss Hartenfels. Nickel Gromann errichtete 1543/44 die Schlosskirche, die sich aus dem Baukörper des Schlosses lediglich durch das reich gestaltete Portal hervorhebt. Martin Luther weihte die Kirche 1544 ein, die als erster protestantischer Kirchenbau überhaupt gilt. In einem umlaufenden Fries am Portal zeigen Engel die Leidenswerkzeuge Christi. Über dem Portal ist ein Relief mit der Beweinung des Gekreuzigten zu sehen. Ein spätgotisches Gewölbe überspannt den rechteckigen und hellen Innenraum, den zwei Emporen dominieren. Der Kirchsaal scheint ganz auf die mit Szenen aus dem Leben Jesu geschmückte Kanzel hin orientiert zu sein. Zwei Engel und zwei von Engeln umschlungene Säulen tragen die Steinplatte des Altartisches. www.schloss-hartenfels.de/das-schloss-entdecken/schlosskapelle

Juni

So	1	7. So. im Jahreskreis	Justin der Märtyrer, Simeon, Lucia, Luitgard v. Bassum, Kuno I.
Mo	2		Marcellinus u. Petrus v. Rom, Eugen I., Armin, Blandina v. Lyon
Di	3		Kevin von Wicklow, Karl Lwanga, Hildburg von Pontoise
Mi	4		Werner von Ellerbach, Klothilde von Franken, Christa
Do	5		Bonifatius/Winfried, Ferdinand v. Portugal, Gilbert v. Neuffontaines
Fr	6		Norbert von Xanten, Claudius von Condat, Falco von Cava
Sa	7		Robert von Newminster, Deochar (Dietger)
So	8	Pfingstsonntag	Engelbert von Schäftlarn, Ilga (Helga) von Schwarzenberg, Melania
Mo	9	Pfingstmontag	Gratia, Ephräm der Syrer, Anna Maria Taigi, Vinzenz von Agen
Di	10		Heinrich von Bozen, Olivia von Palermo, Diana von Andalò
Mi	11		Apostel Barnabas, Aleydis von Schaerbeek (Adelheid, Alice), Paula
Do	12		Leo III., Hildegard Burjan, Kaspar (Gaspare) Bertoni
Fr	13		Antonius von Padua, Gerhard von Clairvaux, Bernhard von Aosta
Sa	14		Burchard v. Meißen, Gottschalk der Wende, Elischa, Meinrad Eugster
So	15	Dreifaltigkeitssonntag	Vitus (Veit), Klara Fietz, Lothar von Séez, Gebhard von Salzburg
Mo	16		Benno von Meißen, Luitgard von Tongern, Maria Theresia Scherer
Di	17		Adam H. Albert Chmielowski, Fulko v. Reims (Falko), Rainer v. Pisa
Mi	18		Gregor Barbarigo, Marcus der Diakon, Marcellianus (Marcel)
Do	19	Fronleichnam	Elisabeth von Schönau, Maria Rosa Flesch, Juliana Falconieri
Fr	20		Adalbert von Magdeburg, Margarete Ebner, Florentina
Sa	21	Sommeranfang	Aloisius Gonzaga, Alban von Mainz, Radulf von Bourges (Ralf)
So	22	12. So. im Jahreskreis	John Fisher, Thomas Morus, Paulinus v. Nola, Eberhard v. Salzburg
Mo	23		Peter Friedhofen, Josef Cafasso, Edeltraut von Ely
Di	24	Johannistag	Dietger von Thüringen, Theodulf von Lobbes (Ulf)
Mi	25		Wilhelm von Vercelli, Eleonore von England, Dorothea von Montau
Do	26		Johannes u. Paulus von Rom, Josemaría Escrivá, Vigilius von Trient
Fr	27	Heiligstes Herz Jesu	Cyrill v. Alexandrien, Hemma v. Gurk (Emma), Daniel v. Schönau
Sa	28		Irenäus von Lyon, Ekkehard von Huysburg, Paul I., Marcella von Rom
So	29	Apostel Petrus u. Paulus	Judith von Niederaltaich, Gero von Köln, Beata
Mo	30		Otto v. Bamberg, Erentrud v. Salzburg (Erna), Bertram v. Le Mans

Neuen Lebensmut schöpfen

NOTKER WOLF

Der Geist Gottes – ein demokratischer Geist

Ich befürchte, Pfingsten gehört zu jenen christlichen Festen, die uns rätselhaft geworden sind. Andere Feste sind leichter zu verstehen – Weihnachten, die Geburt Jesu, oder Ostern, seine Auferstehung. Aber selbst dann, wenn Sie sich an die Pfingstgeschichte erinnern, verbinden Sie dieses Ereignis wahrscheinlich nur mit einem großen Durcheinander: Da sind die Jünger und Anhänger Jesu irgendwo versammelt, und plötzlich braust es wie bei einem Unwetter, Flammenzungen erscheinen, und alle reden durcheinander. Was ist geschehen?
„Ihr werdet die Kraft des Heiligen Geistes empfangen", hatte Jesus seinen Jüngern versprochen. Und diese Kraft kam tatsächlich. Sie fuhr in die Jünger und erfüllte sie mit Freude. Das Brausen und die Feuerflammen zeigen an, dass diese Kraft mit der Gewalt eines Naturereignisses über sie kam. Aber es war kein Naturereignis. Es war der Geist der Liebe und Furchtlosigkeit, der auch Jesus beseelt hatte, der Geist Gottes. Was feiern wir Pfingsten also? Ich würde sagen: dass Gott seinen Geist jedem schenkt, der an Jesus glaubt. Dass man, mit anderen Worten, kein Heiliger und kein Prophet und kein Papst zu sein braucht, um diesen Geist der Liebe und der Furchtlosigkeit zu besitzen. Der Geist Gottes ist, so gesehen, ein sehr demokratischer Geist. Er macht keine Unterschiede. Er ist Gottes Geschenk für alle.
Und dieser Geist ist, glaube ich, auch gar nicht so mysteriös. Die Kirchenväter bezeichnen ihn mit einem sehr schönen Wort. Sie nennen ihn den Tröster. Das heißt: Wo dieser Geist wirkt, da schöpfen Hoffnungslose neuen Lebensmut, und auch die schlimmsten Pessimisten können sich auf einmal eine bessere, liebevollere Welt vorstellen. Ich weiß, dass mittlerweile viele Menschen stolz

NOTKER WOLF

Notker Wolf trat 1961 in die Benediktinerabtei St. Ottilien in Bayern ein und wurde 1977 zu ihrem Erzabt gewählt. Zwischen 2000 und 2016 leitete er als Abtprimas die weltweit mehr als 800 Abteien und Klöster des Benediktinerordens. Notker Wolf spielte E-Gitarre und Querflöte und trat gelegentlich mit der Hard-Rock-Band „Feedback" auf. So spielten sie gemeinsam im Jahr 2008 als Vorband bei einem Auftritt von Deep Purple im Kloster Benediktbeuern. Zahlreiche seiner geistlichen Bücher zählen zu den christlichen Bestsellern. Altabt Notker Wolf starb am 2. April 2024 und hätte am 21. Juni 2025 seinen 85. Geburtstag gefeiert.

darauf sind, diesen Gott mit seinem Geist der Liebe nicht mehr zu brauchen. Sie sehen in Christen nur Schwächlinge, die sich ihren Trost aus dem Himmel herbeiphantasieren müssen, weil sie das Leben ohne Hilfe von oben nicht packen. Aber wenn ich mir anschaue, wie Depressionen und Angsterkrankungen heute um sich greifen, wie viele Menschen sich überfordert fühlen und ihre Zuflucht zu Drogen nehmen, dann denke ich mir: Wir könnten die Kraft des Heiligen Geistes eigentlich doch ganz gut gebrauchen. Pfingsten ist schon ein Anlass zur Freude. Lassen Sie uns dieses Fest deshalb so verstehen: als ein Tag der Hoffnung für alle.

ANDREAS KNAPP

heiliger geist

zwischen dir und mir
stürmisch entfesselt
und hauchzart zugleich

von dir zu mir
funkenflug des verstehens
über alle sprachgrenzen hinweg

von mir zu dir
sprühender lichtbogen
der schönen ideen

mitten unter uns
feuerwerk des schöpferischen
geistvoll beflügelt

unter uns gesagt
freiraum des vertrauens
wir werden einander wahr

auf du und du
mit der liebe
selbst

MANFRED BECKER-HUBERTI

Sinnbild falscher Sicherheit – der Pfingstochse

Das Pfingstfest, der Geburtstag der Kirche, steht in der Tradition des Sommerbeginns. Das Vertreiben des Winters geschah und geschieht symbolisch. Das traditionelle Lied dazu lautet: „Trarira, der Sommer, der ist da! Wir woll'n hinaus in'n Garten und woll'n des Sommers warten! Ja, ja, ja, der Sommer, der ist da!" Dargestellt wurde der zu vertreibende „Winter" oder „Tod" durch ein in Stroh gewickeltes Kind. Die Winteraustreiber teilten dabei Schläge mit grünen Zweigen aus, der Segen spendenden Lebensrute. Das als Sommer verkleidete Kind war in frisches Grün gekleidet.

Weil an diesem Tag das Vieh unter lautem Hallo festlich geschmückt auf die Weide oder Alm getrieben wird, ist Pfingsten auch ein Hirtenfest. Das erste (mancherorts auch das letzte) Tier hieß Pfingstochse oder Pfingstkuh. Oft wird der Pfingstochse auf den geschmückten Ochsen zurückgeführt, der auf die Pfingstweide geführt wird. Wahrscheinlicher jedoch leitet er sich von dem Tier ab, das – nachdem es feierlich durch das Dorf herumgeführt wurde – geschlachtet und dann am Spieß gebraten wurde. Die – nahezu immer negativ eingesetzte – Betitelung als Pfingstochse zielt auf einen, der sich zwar noch als ein „Schöner" präsentiert, aber nur weil er noch nicht weiß, dass er bereits verloren hat.

In Frankreich war es der Fastnachtsochse, der bœuf gras, ein herausgeputzter Mastochse, der – analog zum Pfingstochsen – an den letzten Fastnachtstagen durch die Stadt geführt wurde. Die zugehörige Redensart heißt „promener comme le bœuf gras". Im Deutschen wird die Redensart vom Pfingstochsen auch auf den Palmesel übertragen: aufgeputzt wie ein Palmesel.

Tipp von Sr. Hedwig

LIEBSTÖCKEL

In der Küche ist der Liebstöckel als Maggikraut bekannt und würzt mit seinen Blättern Kräuterquark und Suppen aller Art. Er liebt sandige und gut gedüngte Böden, kommt aber auch mit anderen Böden klar. Wenn die mehrjährige Pflanze im Garten erst einmal einen Lieblingsplatz gefunden hat, kommt sie jedes Jahr wieder.
Hauptsächlich wird Liebstöckel bei Verdauungsproblemen eingesetzt. Er stärkt den Appetit, wirkt Abmagerung entgegen und stärkt die Verdauungsorgane so, dass sie die gegessene Nahrung auch gut verdauen können. Außerdem wirkt Liebstöckel gegen Blähungen.
Aus den Blüten bilden sich Samen, die man ernten, trocknen und als Heilmittel oder Gewürz benutzen kann. Man kann Liebstöckelsamen, die Wurzel oder die Blätter als Tee oder Tinktur einnehmen oder man würzt die Speisen mit Samen oder Blättern. Im Tee schmeckt der Liebstöckel sehr würzig.

HUGO KAEKER

Juni

Reift im Felde schon das Korn
und die Beer' im Walde,
blüht schon Mohn und Rittersporn,
Röslein blüht am Hagedorn
auf besonnter Halde.

Ja, jetzt ist die reiche Zeit,
da die Hulden streifen,
dass in stiller Einsamkeit
überall in Flur und Heid'
Segensfrüchte reifen.

KALENDERBLATT

125. Geburtstag Antoine de Saint-Exupéry

Bereits zu seinen Lebzeiten war der französische Pilot Antoine de Saint-Exupéry (1900–1944) auch ein erfolgreicher Schriftsteller. Er kam vor 125 Jahren, am 29. Juni 1900, in Lyon zur Welt. Seit 1923 arbeitete er als Pilot und zur selben Zeit begann er zu schreiben. Sein letztes Werk „Der kleine Prinz" wurde zum Weltbestseller. Die märchenhafte Erzählung handelt von einem in der Wüste notgelandeten Piloten, der hier auf einen kleinen Jungen trifft, den es von einem Asteroiden auf die Erde verschlagen hat. Von einem Aufklärungsflug über dem Mittelmeer am 31. Juli 1944 kehrte Antoine de Saint-Exupéry nicht mehr zurück.

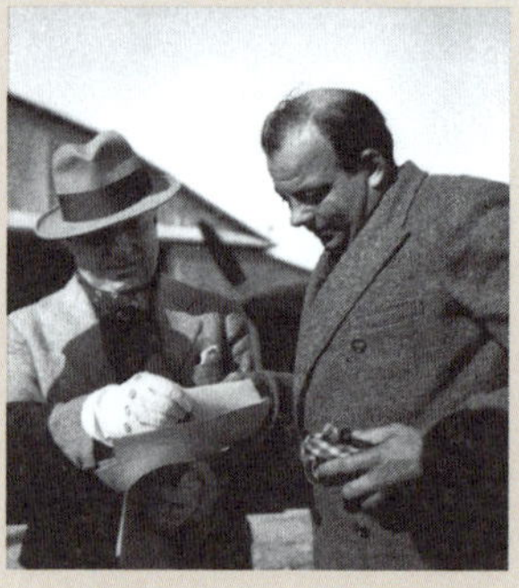

375. Todestag Matthäus Merian

Mit dem Namen Matthäus Merian (1593–1650) verbindet man historische Städteansichten und Landkarten. Sein bekanntestes Werk ist die in 16 Bänden erschienene „Topographia Germaniae" mit mehr als 2000 Stichen von Städten, Klöstern und Burgen des Heiligen Römischen Reiches. Merians Kupferstiche sind von großem kulturgeschichtlichem Wert, dokumentieren sie doch den Zustand vieler Städte vor den Zerstörungen des Dreißigjährigen Krieges. Intensiv beschäftigte sich Merian mit religiösen Fragen. Seine Tochter war die Naturforscherin und Künstlerin Maria Sibylla (1647–1717). Am 19. Juni 1650, vor 375 Jahren, starb Matthäus Merian in Langenschwalbach im Hintertaunus.

150. Todestag Eduard Mörike

Eduard Mörike, einer der bedeutendsten deutschen Dichter des 19. Jahrhunderts, wurde 1804 in Ludwigsburg geboren. Den Beruf des Pfarrers übte er als Brotberuf aus, hätte sich aber schon früh lieber ganz dem Schreiben gewidmet. Im Alter von 39 Jahren ließ er sich schließlich in den Ruhestand versetzen. Später unterrichtete er Literatur an einem Stuttgarter Gymnasium. Zu Mörikes bekanntesten Werken zählt der Roman „Maler Nolten", in dem sich auch das populäre Frühlingsgedicht „Er ist's" findet. Mörikes Werke bewegen sich oft in der kleinen, engen Welt der eigenen Heimat und so gilt er als Vertreter des literarischen Biedermeier. Dabei wird oft übersehen, dass einige seiner Werke durchaus düstere Abgründe zeichnen und mit ihrer radikalen Weltflucht modern wirken und so wohl eher dem Realismus zuzuordnen sind. Eduard Mörike starb am 4. Juni 1875, vor 150 Jahren, in Stuttgart.

REZEPT

Grüne Wraps mit grünem Spargel und Rösttomaten

für 2 Personen

ZUTATEN

Teig:
150 g feine Haferflocken
350 ml Wasser
50 g frischer Spinat

Füllung:
500 g grüner Spargel
250 g Kirschtomaten
1 Dose Mais
3 Frühlingszwiebeln
1 Handvoll Sonnenblumenkerne
1 Becher Sour Cream
Brunnenkresse

Bratöl
Salz, Pfeffer

ZUBEREITUNG

Haferflocken 30 min in Wasser einweichen. Gemüse waschen, Mais abgießen, alles klein schneiden. Spargel, Kirschtomaten, Mais, Frühlingszwiebeln und Sonnenblumenkerne auf ein Blech geben, mit Öl, Salz und Pfeffer mischen. Bei 180 °C im Backofen ca. 20 min rösten. Haferflocken mit gewaschenem Spinat und einer Prise Salz pürieren. In einer Pfanne aus dem Teig 6 Wraps abbacken. Warme Wraps mit Sour Cream bestreichen, Ofengemüse daraufgeben und mit Brunnenkresse bestreuen. Dann zusammenwickeln.

Küchentipps

Spargel kaufen

Eine matte Haut ist ein Zeichen für lange Lagerung. Um sicherzugehen, dass er frisch ist, sollten Sie Spargel mit einer seidig glänzenden Außenhaut wählen. Außerdem gilt: Je biegsamer der Spargel, desto älter ist er.

Spargel schälen

Damit Spargel nicht zu holzig schmeckt, sollten Sie ihn großzügig schälen. Aus der Schale lässt sich wunderbar noch eine Suppe kochen.

Spargel aufbewahren

Spargel verarbeitet man am besten sofort. In ein feuchtes Tuch gewickelt hält er sich jedoch auch im Kühlschrank einige Tage.

IMPULSE

P. REINHARD KÖRNER OCD

Rede Gott an! – innerlich, persönlich, von Ich zu Du

Wenn ich erleben muss, dass viele in der Kirche nur selten oder gar nicht beten oder Gebete nur „verrichten“, Gottesdienste nur „besuchen“ oder Zelebranten die Heilige Messe nur „lesen“, ist das kein Grund, nicht selbst zu beten. Ganz gleich, ob ich Kirchenmitglied bin oder nicht oder nicht mehr. Denn Gott ist da, verborgen, aber wirklich, und er ist jedem Menschen zugewandt. Jeder hat also das Recht – und von Natur her auch die Begabung –, sich auch seinerseits Gott zuzuwenden. Im Beten mache ich Ernst damit, dass ich mich als Mensch einer größeren Wirklichkeit verdanke. Diese Dankbarkeit hin und wieder Gott gegenüber auszudrücken, nicht formalistisch, sondern von innen her, bewahrt mich davor, alles als selbstverständlich zu nehmen oder mich gar für den Größten zu halten.

Beten ist ein Zusammensein mit Gott, ähnlich einem Gespräch zwischen zwei Freunden. Dabei kann ich Gott auch mal um etwas bitten, für mich und für andere. Aber solche Bitten und Fürbitten, manchmal auch Hilfeschreie, sind dann Ausdruck des Mitleidens und Mitsorgens mit Gott und seinen Menschen – ohne die abergläubische Vorstellung, wenn man ihn nur viel und eifrig um etwas bitte, würde er genau das Erbetene geschehen lassen.

Immer aber sollte Beten auch Hören sein. Kontemplativ beten, nennt das die christliche Spiritualitätstheologie. Denn Beten heißt vor allem: auf die Impulse der Weisheit und der Liebe achten, mit denen Gott zu mir spricht; und vielleicht auch auf meine Bitten und Fürbitten antwortet, um mich selber zum Handeln in der Not zu bewegen. Deshalb sollte ich diese Impulse meditieren, das heißt, über sie

BETEN

Zur Kirche gehört es, dass ihre Mitglieder beten, gemeinsam in den Gottesdiensten und persönlich im Lebensalltag. Jedenfalls sollte es so sein. Beten heißt: sich zu Gott hinwenden. Ob gemeinsam laut oder persönlich still, ob sprechend oder singend, ob mit vorgegebenen Texten oder mit selbst formulierten Worten – entscheidend ist, dass ich dabei an Gott denke, mir vergegenwärtige, dass er da ist, und innerlich ihn anrede von Ich zu Du. Aber auch Schweigen kann Gebet sein: einfach nur mit der inneren Aufmerksamkeit bei ihm sein.
Im Beten mache ich Ernst mit meinem Glauben daran, dass Gott da ist – und dass er mich hört.
P. Reinhard Körner OCD

nachdenken und sie auf meine aktuelle Lebenssituation beziehen. Kontemplation und Meditation gehören zusammen und sind Wesensmerkmale des Betens selbst, nicht andere oder spezielle Formen des religiösen Lebens. Sie erst machen das Beten zu einem Gespräch zwischen Gott und mir, zwischen mir und Gott. Und dieses Gespräch wird sich dann auf alles auswirken, was ich tue, wie ich denke, was ich plane, wie ich mit meinen Nöten und mit dem Leid anderer umgehe, wie ich mich verhalte und engagiere in der Familie, in der Kirchengemeinde, in der Gesellschaft.
Beten kann mitten im Alltag geschehen, während der Arbeit und während der Freizeitbeschäftigungen. Aber es braucht auch ausdrückliche Gebetszeiten – wenn nicht halbe Stunden, dann wenigstens ein paar Minuten; wenn nicht regelmäßig, dann wenigstens hin und wieder. Ein bestimmter Ort ist dafür nicht nötig. Aber ein Ort, an dem ich die Präsenz Gottes besonders wahrnehme, kann sehr hilfreich sein: eine einfach gestaltete, tagsüber offene Kirche, ein stiller Platz mit Blick in Gottes Natur oder mit Blick über die Stadt mit Gottes Menschen …
Wer so betet, lebt Kirche – und tun es mehrere gemeinsam, wer sie auch seien, dann sind sie Kirche.

HELMUT ZÖPFL

Der kleine Prinz kehrt zurück – Wie alles begann

„Was machst du denn da?“ Ich hatte mich an einem schönen Frühlingstag in den Garten gesetzt und wollte gerade nachschauen, ob mich neue WhatsApp-Nachrichten erreicht hätten. „Was machst du denn da?“, hörte ich zum zweiten Mal. Kam die Stimme aus meinem Smartphone? Da spürte ich, wie mir jemand leicht auf die Schulter tippte. Ich drehte mich um und sah ein kleines Kerlchen mit blonden Haaren.

„Was machst du denn da?“, fragte er zum dritten Mal und deutete auf mein Smartphone.

„Das siehst du doch“, sagte ich leicht mürrisch. „Ich kommuniziere.“

„Mit dem kleinen Ding da in deiner Hand?“, fragte er leicht erstaunt.

„Mit diesem Gerät kann ich mit der ganzen Welt kommunizieren, wenn ich will“, entgegnete ich.

„Auch mit meiner Rose?“, wollte er wissen. „Könntest du sie einmal kurz fragen, wie es ihr geht? Ich habe sie nämlich mit dem Schaf zusammen auf meinem Planeten zurückgelassen und vergessen, einen Zaun herum zu bauen. Und so weiß ich nicht, ob sie nicht von dem Schaf belästigt worden ist. Darum mach ich mir Sorgen.“

„Mit einer Rose kommunizieren?“, lachte ich. „Mit Pflanzen kann man nicht reden, auch nicht mit einem Smartphone.“

„Aber du hast doch gerade gesagt, dass man mit der ganzen Welt kommunizieren kann mit diesem Gerät. Ich habe manchmal ein ganz schlechtes Gewissen, dass ich so wenig mit den beiden reden kann, weil ich so viel unterwegs bin.“

„Siehst du, du bräuchtest dringend ein Smartphone. Mit dem kannst du alle, die du willst, erreichen und mit ihnen reden. Und du bist auch überall erreichbar. Du kannst in die entferntesten Gegenden sprechen und sogar ein Bild dazu schicken. Und sie dir das ihre. Schau her“, sagte ich, „ich ruf meinen Freund an, der in Australien wohnt.“ Ich drückte auf dem Handy herum und schon hörte ich Ludwigs Stimme: „Hallo Helmut, wie geht's dir?“ Gleichzeitig erschien ein Bild auf dem kleinen Bildschirm. „Schau her, ich bin gerade beim Essen. Heute gibt es eine Pizza mit verschiedenen Käsesorten.“

„Und ich,“ sagte ich, „unterhalte mich gerade mit einem netten jungen Mann. Schau her.“ Ich machte mit meinem neuen Bekannten ein Bild und ließ es Ludwig zukommen. „Ui“, sagte ich, als ich mir das Foto näher angesehen hatte, „der schaut ja genauso aus wie der kleine Prinz.“ Ich schaute mir meinen Gesprächspartner genauer an. Tatsächlich. Wie oft hatte ich das Buch vom kleinen Prinzen gelesen! Und dem sah er verblüffend ähnlich.

„Sag einmal", fragte ich ihn etwas ungläubig. „Du bist doch nicht wirklich der kleine Prinz?"
Mein Gegenüber lachte. „Sag mir, woher kennst du mich denn?"
„Viele kennen dich und haben das schöne Buch von dir und deinen Reisen zu den verschiedenen Planeten gelesen. Es gibt dich also tatsächlich?"
„Natürlich", sagte der kleine Prinz. „Sonst könntest du ja mit mir nicht sprechen und mich nicht hören. Kennst du das wunderschöne Gedicht ‚Schläft ein Lied in allen Dingen, die da träumen fort und fort. Und die Welt hebt an zu singen, triffst du nur das Zauberwort'? Es ist nur wichtig, dass wir nicht nur mit den Augen hinschauen, sondern auf unser Herz hören. Das ist der beste Dolmetscher, um Bilder und Dinge redend zu machen."
„Ich weiß, ich weiß, du hast es ja immer wieder gesagt. ‚Man sieht nur mit dem Herzen gut, das Wesentliche ist für die Augen unsichtbar.' Leider halten sich immer noch wenige daran. Immer mehr sehen und glauben nur das, was man zählen und wiegen kann. Sie glauben, dass nur wahr und richtig ist, was man in Zahlen ausdrücken kann. Aber das weißt du ja."
Der kleine Prinz lachte: „Ja, ja, ich habe es auf meinen Reisen immer erlebt. Du weißt ja zum Beispiel bei dem Geschäftsmann. Noch immer wollen die meisten nur etwas haben und besitzen. Und um das tun zu können, müssen sie alles vorher in Zahlen und Formeln verwandeln. Wenn du Zeit hast, dann erzähle ich dir ein paar meiner Erlebnisse, die ich in der letzten Zeit hatte."
„Gerne", sagte ich und der kleine Prinz begann, einige seiner neuesten Erlebnisse zu erzählen.

Der kleine Prinz beim schläfrigen Christen

Als der kleine Prinz den nächsten Planeten betrat, hörte er ein leises Schnarchen. Da sah er einen Menschen, der in einer Hängematte lag.
„Aufwachen", rief er ihm zu.
„Lass mich in Ruhe", murmelte dieser schläfrig. „In der Ruhe liegt die Kraft. Und ich muss alles tun, um wieder zu Kräften zu kommen in diesen unruhigen Zeiten."
„Und warum brauchst du die Kräfte?", fragte der kleine Prinz.
„Für neue Wege, die es zu beschreiten gilt, damit endlich Ruhe einkehrt."
„Ruhe wovon?"
„Von dem ganzen alten Ballast. Wir müssen wieder zu den Ursprüngen zurück. Sonst kann sich nichts tun."
„Du willst also, dass sich wieder mehr tut?", fragte der kleine Prinz.
„Natürlich. Siehst du nicht, was bei uns los ist? Nichts ist mehr los. Die Leute

laufen uns davon. Die wollen mehr Action. Die wollen, dass man ihnen etwas bietet."
„Und was soll man bieten?"
„Unterhaltung zum Beispiel. Auf alle Fälle Getränke und Gegrilltes. Auch heute gilt noch immer der Spruch ‚Essen und Trinken halten Leib und Seele zusammen'. Wenn es heißt: ‚Für Verpflegung ist gesorgt', kommen noch am ehesten Leute zusammen. In solchen Sachen sind die Menschen bekanntlich doch immer noch gleich. Und vor allem darin, dass sie letztlich ihre Ruhe haben wollen."
„Und du glaubst", fragte der kleine Prinz, „dass das das Wichtigste ist?"
„Ja selbstverständlich. Wir beten doch am Grab jedes Menschen: ‚Herr, gib ihm die ewige Ruhe.'"
„Ich fände es besser, wenn man mir das ewige Leben wünschen würde. Glaubst du wirklich, dass die ewige Ruhe das Ziel des Lebens sein kann? Das wäre doch furchtbar langweilig, wenn wir dann alle miteinander für alle Zeit im Himmel nebeneinanderher schlafen würden. Da wär mir ja eine gescheite Seelenwanderung noch lieber. Auch wenn das sogar mir, der ich gerne zwischen den Planeten hin und her wandere, doch zu anstrengend wäre. Einmal ein Hund, eine Katze und dann bei einem schlechten Karma plötzlich irgendein Regenwurm oder sogar ein Bandwurm."
„Aber immerhin wäre da noch immer eine Gelegenheit, dich wieder zu verbessern, eventuell über den Umweg einer Katze zum Delphin. Und ein Delphin wäre ja gar nicht so schlecht, wenn man bedenkt, was die alles drauf haben. Oder sogar ein Krake. Der hat in jedem seiner acht Arme ein eigenes Gehirn."
Der kleine Prinz musste bei dem Gedanken schmunzeln. „Ob die bei einer Entscheidung jeweils demokratisch abstimmen? Aber jetzt bin ich ganz schön vom Thema abgekommen", sagte der kleine Prinz und machte sich wieder auf die Reise.

EDUARD MÖRIKE

Gebet

Herr! schicke, was du willst,
Ein Liebes oder Leides;
Ich bin vergnügt, dass beides
Aus deinen Händen quillt.

Wollest mit Freuden
Und wollest mit Leiden
Mich nicht überschütten!
Doch in der Mitten
Liegt holdes Bescheiden.

REISETIPP

DOM ST. EBERHARD IN STUTTGART

Erst seit 1811 gab es in Stuttgart nach der Reformation wieder eine katholische Kirche. Zwei Bombenangriffe im Jahr 1944 vernichteten die Kirche St. Eberhard.
Hugo Schlösser errichtete auf dem ursprünglichen Grundriss eine neue, 1955 geweihte Kirche. Der moderne Neubau erfuhr 1973 eine Umgestaltung nach den Erfordernissen der Liturgiereform. Im Jahr 1978 bekam die Kirche den Rang einer zweiten Bischofskirche (Konkathedrale) des jetzt Rottenburg-Stuttgart genannten Bistums. Ihre heutige Gestalt erhielt die Kirche in den Jahren 1990/91. Das den Innenraum prägende Mosaik „Der wiederkommende Herr“ schuf Otto Habel 1961. Christus thront als Pantokrator im Zentrum des 13 Meter hohen Goldmosaiks.
www.kath-kirche-stuttgart-mitte.de/gemeinden/st-eberhard

Juli

Di	1		Dietrich v. Reims, Aaron, Eckart v. Scheda, Radegund v. Wellenburg
Mi	2	Mariä Heimsuchung	Wiltrud von Hohenwart, Jakob Friedrich Bussereau
Do	3		Apostel Thomas, Joseph Lenzel, Leo II., Anatol v. Laodicea
Fr	4		Ulrich v. Augsburg, Elisabeth (Isabella) v. Portugal, Berta v. Blangy
Sa	5		Antonius Maria Zaccaria, Kyrilla v. Cyrene, Wilhelm v. Hirsau, Lätitia
So	6	14. So. im Jahreskreis	Maria Goretti (Marietta), Goar, Dominica, Maria Theresia Ledóchowska
Mo	7		Willibald von Eichstätt, Edelburg von Faremoutier, Wunibald
Di	8		Kilian von Würzburg, Edgar der Friedfertige, Eugen III., Hadrian III.
Mi	9		Augustin Zhao Rong, Johannes von Köln, Veronika Giuliani
Do	10		Knud von Dänemark, Erik von Schweden (Erich), Olaf von Norwegen
Fr	11		Benedikt von Nursia, Olga (Helga), Rachel (Rahel), Oliver Plunket
Sa	12		Felix und Nabor, Johannes Gualbertus, Sigisbert von Disentis
So	13	15. So. im Jahreskreis	Heinrich II. u. Kunigunde, Joël, Sara die Einsiedlerin, Silas (Horst)
Mo	14		Ulrich von Zell, Roland von Chézery, Kamillus von Lellis
Di	15		Bonaventura, Egino (Egon), Wladimir der Große (Waldemar)
Mi	16		U. L. Frau v. Berge Karmel (Carmen), Elvira v. Oeren, Irmengard
Do	17		Marina v. Bithynien, Jadwiga v. Polen (Hedwig), Charlotte Thouret
Fr	18		Arnold v. Arnoldsweiler, Odilia v. Köln (Ottilie), Friedrich v. Utrecht
Sa	19		Bernulf von Utrecht (Bernold, Ulf), Makrina die Jüngere
So	20	16. So. im Jahreskreis	Margareta von Antiochien, Bernhard von Hildesheim, Elija (Elias)
Mo	21		Laurentius von Brindisi (Lars), Daniel, Jeremias, Victor von Marseille
Di	22		Maria Magdalena, Verena von Schönau (Elvira), Eberhard von Berg
Mi	23		Birgitta v. Schweden, Liborius v. Le Mans, Apollinaris v. Ravenna
Do	24		Christophorus, Christina von Bolsena, Siglind von Troclar, Louise
Fr	25		Apostel Jakobus der Ältere, Thomas von Kempen, Thea von Gaza
Sa	26		Joachim und Anna, Titus Brandsma, Gloriosa von Laodicea
So	27	17. So. im Jahreskreis	Berthold v. Garsten, Natalie, Aurelius u. Felix v. Cordoba
Mo	28		Benno v. Osnabrück, Samson v. Dol, Innozenz I., Beatus und Bantus
Di	29		Marta, Maria, Lazarus, Flora u. Lucilla, Beatrix, Ladislaus
Mi	30		Petrus Chrysologus, Ingeborg von Frankreich, Maria de Jesu
Do	31		Ignatius v. Loyola, Germanus v. Auxerre, Hermann v. Niederaltaich

Trost finden

ALBERT SCHWEITZER

Trost bei Bach

Bach gibt mir den Glauben, dass in der Kunst wie im Leben das wahrhaft Wahre nicht ignoriert und nicht unterdrückt werden kann, auch keiner Menschenhilfe bedarf, sondern sich durch seine eigene Kraft durchsetzt, wenn seine Zeit gekommen. Dieses Glaubens bedürfen wir, um zu leben. Er hatte ihn. So schuf er in kleinen engen Verhältnissen, ohne zu ermüden und zu verzagen, ohne die Welt zu rufen, dass sie von seinen Werken Kenntnis nähme, ohne etwas zu tun, sie der Zukunft zu erhalten, einzig bemüht, das Wahre zu schaffen.
Darum sind seine Werke so groß und er so groß als seine Werke. Sie predigen uns: stille sein, gesammelt sein. Und dass der Mensch Bach ein Geheimnis bleibt, dass wir außer seiner Musik nichts von seinem Denken und Fühlen wissen, dass er durch keine Gelehrten- und Psychologenneugierde entweiht werden kann, ist so schön. Was er war und erlebt hat, steht nur in den Tönen. Es ist das Erleben aller derer, die wahrhaft leben: Lebensfreude und Todessehnsucht, unvermittelt eins in einem reinen Willen. Die, welche ihn verstehen, wissen nicht, ob es seine Realistik oder seine Mystik ist, die sie so ergreift. Es liegt etwas so unendlich Lebendiges und unendlich Abgeklärtes in seiner Stimmführung. Das ist keine Technik mehr, sondern Weltanschauung, ein Bild des Seins. Jede einzelne Stimme ein Wille, eine Persönlichkeit, alles frei, in Freiheit sich begegnend, sich meidend, sich hassend, sie liebend, sich helfend und zusammen etwas einheitlich Lebendiges, das so ist, weil es so ist.

JOHANN SEBASTIAN BACH (1685–1750)

Früh erlernte Johann Sebastian Bach, der als Waise bei einem älteren Bruder aufwuchs, das Orgelspiel. Bach war Organist in Arnstadt und Mühlhausen. Im Jahr 1708 trat er die Stelle eines Hoforganisten und Kammermusikers in Weimar an. Hier entstand ein Großteil seiner Orgelwerke. 1717 ging Bach als Kapellmeister nach Köthen an den Hof des Fürsten Leopold von Anhalt-Köthen und 1723 nahm er das Amt des Thomaskantors in Leipzig an, das er bis zu seinem Tod ausübte. In den ersten Jahren entstanden über 300 Kantaten, die Johannes- und die Matthäuspassion und das Weihnachtsoratorium. Bach starb vor 275 Jahren am 28. Juli 1750 in Leipzig. Sein Grab befindet sich heute in der Leipziger Thomaskirche.

ROSE AUSLÄNDER

Bachfuge

Die Bachfuge
fliegt in den Himmel
kommt zurück zu mir
fliegt in den Himmel

Mathematik
erklärt eine Stimme

Ich weiß nicht
will nicht wissen
wieviele Köpfe auf Flügeln
welche Geschwindigkeiten
ich zähl nicht
die Zahlen

Bach
mein Blutstrom
zum Himmel

P. ECKHARD BIEGER SJ

25. Juli – Jakobus der Ältere

Nachdem im Mittelalter Millionen Menschen nach Santiago de Compostela gepilgert waren, zieht dieser Apostel auch heute immer mehr Menschen an. Buße, der Ersatz für eine Strafe – die Pilgerschaft wog die Todesstrafe auf – und sicher auch Abenteuerlust waren die Motive im Mittelalter. Auch für die Menschen heute ist der lange Weg ein Sinnbild für das eigene Leben, sie machen sich auf den Weg, um die eigene Mitte zu finden.
Jakobus ist nach Stephanus der zweite christliche Märtyrer. „Um jene Zeit ließ der König Herodes einige aus der Gemeinde verhaften und misshandeln. Jakobus, den Bruder des Johannes, ließ er mit dem Schwert hinrichten. Als er sah, dass es den Juden gefiel, ließ er auch Petrus festnehmen“, wird im 12. Kapitel der Apostelgeschichte berichtet. Petrus wird durch einen Engel aus dem Gefängnis befreit. Jakobus soll nach der Legende vor seinem Tod bereits in Spanien missioniert haben und auf wundersame Weise mit dem Schiff dorthin zurückgekehrt sein. Ein Einsiedler hatte einen Traum, auf Grund dessen die Gebeine im Jahre 813 wiedergefunden wurden. Jakobus wurde der Schutzpatron Spaniens und seinem Schutz wird die Rückeroberung des Landes aus der Hand der Mauren zugeschrieben.
Die Muschel geht auf die Legende zurück, dass ein Ritter dem Schiff, das den Leichnam des Apostels nach Spanien brachte, entgegenritt. Er drohte unterzugehen; der Heilige rettete ihn. Als der Ritter aus dem Wasser stieg, war er mit Muscheln bedeckt. Zudem findet man an der Küste, zu der die Pilger von Santiago noch weitergehen, viele Jakobsmuscheln.

Tipp von Sr. Hedwig

KIRSCHKERNKISSEN SELBER MACHEN

Wer tüchtig Kirschen isst, hat jede Menge Kerne. Die sollten Sie nicht wegwerfen, sondern sammeln und zu einem Kirschkernkissen verarbeiten. Ein solches Kissen ersetzt eine Wärmflasche.
Die Kerne werden gereinigt und gewaschen. Anschließend füllen Sie die Kirschkerne in ein Baumwoll- oder Leinensäckchen. Bei Bedarf wird es kurz in den Backofen gelegt und erwärmt. Vorsicht ist bei der Mikrowelle geboten, da hier die Temperatur sehr schnell zu heiß sein kann. Kleine Kirschkernkissen werden gerne bei den sogenannten Drei-Monats-Koliken bei Säuglingen eingesetzt. Aber auch bei rheumatischen Erkrankungen und bei Verkühlung findet ein Kirschkernkissen seinen Einsatz.
Die Wirkungsweise resultiert aus der Eigenschaft der Kirschkerne, Wärme schnell aufzunehmen und diese dann sehr lange speichern zu können. Über einen längeren Zeitraum hinweg wird die Wärme konstant abgegeben.

JOACHIM RINGELNATZ

Sommerfrische

Zupf dir ein Wölkchen aus dem
Wolkenweiß,
das durch den sonnigen Himmel
schreitet.
Und schmücke den Hut, der dich
begleitet,
mit einem grünen Reis.

Verstecke dich faul in der Fülle der
Gräser.
Weil's wohltut, weil's frommt.
Und bist du ein
Mundharmonikabläser
und hast eine bei dir, dann spiel,
was dir kommt.

Und lass deine Melodien lenken
von dem freigegebenen
Wolkengezupf.
Vergiss dich. Es soll dein Denken
nicht weiter reichen als ein
Grashüpferhupf.

Elisabeth Langgässer

Elisabeth Langgässer kam 1899 in Alzey zur Welt. Ihr jüdischer Vater hatte sich taufen lassen und so galt Elisabeth Langgässer in der Ideologie des Nationalsozialismus als Halbjüdin. Sie arbeitete zunächst als Volksschullehrerin und gab 1924 ihren ersten Gedichtband heraus. Ab 1931 war Elisabeth Langgässer als freie Schriftstellerin tätig. Bis 1936 konnte sie noch publizieren, dann war ihr aufgrund ihrer Abstammung diese Möglichkeit untersagt. Mit ihren Romanen, Kurzgeschichten und Gedichten steht Langgässer in der Tradition der christlichen Mystik. Im 1946 erschienenen Roman „Das unauslöschliche Siegel" thematisierte sie das Schicksal ihres Vaters. Auch in ihrer Kurzgeschichtensammlung „Der Torso" spielt das Thema Antisemitismus eine große Rolle. Elisabeth Langgässer starb vor 75 Jahren am 25. Juli 1950.

1960 – 37. Eucharistischer Weltkongress in München

„Pro Mundi Vita" („Für das Leben der Welt") lautete das Motto des Eucharistischen Weltkongresses in München. Es war das erste Mal seit dem Zweiten Weltkrieg, dass so ein internationales Großereignis in Deutschland stattfand. Durch die „Aktion Silbermöwe" fanden Tausende Kongressbesucher aus aller Welt bei Bürgern der Stadt München und der umliegenden Landkreise vor 65 Jahren, vom 31. Juli bis zum 7. August 1960, ein freundliches Zuhause. Der Kongress war, mit den beim Zelebrieren zu den Besuchern gewandten Priestern, ein Vorbote für die liturgischen Erneuerungen des Zweiten Vatikanischen Konzils.

75 Jahre Zentralrat der Juden in Deutschland

Am 19. Juli 1950, vor 50 Jahren, wurde in Frankfurt am Main der „Zentralrat der Juden in Deutschland" gegründet. Heute hat der Zentralrat seinen Sitz in Berlin. Ihm gehören ca. 92.000 Juden in 104 Gemeinden an, die sich in 23 Landesverbänden organisieren. Damit vertritt der Zentralrat fast alle in Gemeinden organisierten und knapp die Hälfte aller in Deutschland lebenden Juden. Zunächst bestand die wichtigste Aufgabe des Zentralrates im Einwirken auf die Gesetzgebung, mit der nationalsozialistisches Unrecht wiedergutgemacht werden sollte. Später kam der Kampf gegen Antisemitismus und die Unterstützung der Annäherung zwischen Israel und Deutschland hinzu. Nach 1990 wurde die Integration Zehntausender zugewanderter Juden aus den Ländern der ehemaligen Sowjetunion in die jüdischen Gemeinden zur Hauptaufgabe des Zentralrats. Heute gibt es wieder in allen deutschen Bundesländern jüdische Gemeinden.

REZEPT

Pommersche Kirschsuppe

für 4 Personen

ZUTATEN

700 g Kirschen, entsteint	2 EL Speisestärke
1 Stange Zimt	150 ml Saure Sahne
100 g Zucker	einige Blättchen Minze

ZUBEREITUNG

Ca. 500 g Kirschen mit 600 ml Wasser und der Zimtstange in einen Topf geben, aufkochen und etwa 30 Minuten köcheln lassen. Die Zimtstange herausnehmen und die Kirschen abkühlen lassen. Kirschen in der Suppe pürieren und den Zucker unterrühren. Nun die restlichen Kirschen hinzufügen und alles erneut aufkochen. Speisestärke in Wasser anrühren und die Suppe damit binden. Suppe vom Herd nehmen und die saure Sahne unterrühren. Kirschsuppe kalt stellen und vor dem Servieren mit Minzblättern dekorieren.

Küchentipps

Kirschen vorher waschen

Die Früchte sollten Sie vor dem Entstielen und Entsteinen waschen, da sonst zu viel Saft ausgeschwemmt wird und die Kirschen an Aroma verlieren. Die Kirschen in einem Sieb vorsichtig unter Wasser abbrausen, damit sie nicht aufplatzen.

Zimt

Zimt verbindet man wohl zuerst mit der Weihnachtsbäckerei. Mit seinem leicht süßen bis feurigen Aroma verfeinert er Gebäck und Lebkuchen. Zimt passt aber ebenso zu Obstsalat, Bratäpfeln, Pflaumenmus und Milchreis.

Zimt pikant

In manchen Regionen der Welt dient Zimt auch zum Würzen pikanter Speisen. So werden in Griechenland Lamm und Moussaka und in der indischen Küche Currys und Chutneys mit Zimt gewürzt.

MARIA SASSIN

Kevelaerwallfahrt

Ein Ort, der sich aus meiner Kindheit und Jugend sehr eingeprägt hat, ist Kevelaer am Niederrhein.
Meine Heimatstadt Rees am Niederrhein war die erste Stadt, die diese Wallfahrt vor Jahrhunderten organisiert unternommen hat; schon 1643 zog man zum Gnadenbild. Einmal pro Jahr gab es eine Fußwallfahrt über die fünfunddreißig Kilometer lange Strecke. An einem Tag ging es hin, am zweiten zurück. Weiterhin bestand die Möglichkeit, mit Rad oder Bus dorthin zu kommen.
Kevelaer ist ein alter Marienwallfahrtsort, den die Familie mindestens einmal im Jahr besuchte. Mein Vater Heinz ging anfangs hier und da zu Fuß mit dorthin, später sogar in jedem Jahr. Mutter Else musste dann melken und fuhr anschließend mit den Kindern im Auto hinterher, um die Messe mitzufeiern und den Mann wieder abzuholen, oder sie fuhren alle fünf am Sonntagmorgen, wenn der Abschlussgottesdienst der Reeser Pilger war; das wechselte von Jahr zu Jahr.
Gerne machten sich die Kinder immer mit auf den Weg in die alte Wallfahrtsstadt. Parkplätze fand man nur ziemlich weit draußen. So konnten alle wenigstens ein Stückchen des Weges zu Fuß gehen, den seit so vielen Jahren die Pilger machten. Unterwegs erzählte die Mutter, wie alles damals begonnen hatte: Vor mehr als dreihundert Jahren hatte ein Kaufmann, Hendrik Busmann, einmal die Muttergottes vor sich gesehen, und sie hatte ihm aufgetragen, ihr an der Stelle der Erscheinung eine Kapelle zu bauen. Dasselbe Bild sah er dann noch mal einige Tage später, und dann träumte seine Frau von einem Marienbild, das Soldaten ihr einst verkaufen wollten. Es sah genauso aus wie die Muttergottes, die ihr Mann gesehen hatte. Da wussten sie, sie sollten wirklich das Kirchlein bauen. Die Frau suchte die Soldaten und fand schließlich das Bild, die Trösterin der Betrübten von Luxemburg. Das war eine spannende Geschichte für die Kinder!
Aber es wurde noch interessanter – an der Stelle, wo nun die Kapelle stand, waren viele kranke Leute geheilt worden und – alle hatten einen Splitter von dem Kreuz haben wollen, das dort früher stand, und einfach mit dem Messer etwas abgeschnitzt – da war eine Steinkirche doch haltbarer!
Unter allen Erzählungen verging der Weg schnell. Das Kopfsteinpflaster der Innenstadt war zugleich holprig und von zahllosen Füßen spiegelglatt gelaufen. Durch kleine Gässchen, in denen es von Andenkenläden und Restaurants wimmelte, kam die Familie schließlich zum Kern der Pilgerstätte.
Zuerst würden sie zur heiligen Messe gehen. Die war in der Marienbasilika. Die alte Kirche war sehr hoch und die Decke herrlich bemalt. Der feierliche

Gottesdienst erschien den Kindern kein bisschen lang. Sie beteten alles mit, was sie kannten, und schauten sich die Gemälde an der Decke an. Da erkannten sie viele Gestalten aus der Bibel und ihre Geschichten – das gefiel ihnen. Auch die Lieder waren wunderschön. Die Pilgergruppen aus den verschiedensten Orten wurden begrüßt; sie hatten große Fahnen mitgebracht. Viele Priester standen um den Altar. Ehrfürchtig lauschten alle den Gesängen des Chores, schickten inbrünstig ihre Gedanken und Sorgen zum Himmel.
Da war ja auch der Vater, saß mitten zwischen vertrauten Reeser Gesichtern und hatte sie auch schon entdeckt, zwinkerte ihnen zu.
Nach dem langen Gottesdienst ging es weiter in die Gnadenkapelle. Da stand das kleine Bildchen, mit dem alles begonnen hatte. Tausende von Kerzen brannten hier für die Muttergottes, alle eine Bitte, ein Dank. Auch jeder aus der Familie durfte ein Lichtlein anzünden. Heinz hob Margret hoch, damit sie gut an die Ständer heranreichte. Ein kurzes Gebet, dann Platz gemacht für die Tausende von nachrückenden Pilgern.
Jetzt war ein wenig Zeit, in die vielen Läden zu gehen. Die Eltern wollten eine Kerze für Oma Thekla mitbringen, die bei jedem Gewitter, jeder Krankheit oder sonstiger Prüfung ein Wachslicht im Wohnzimmer brennen ließ, und jedes Kind durfte sich eine bunte Postkarte aussuchen. Was es hier alles gab – Kreuze, Ikonen, Heiligenfiguren aus allen möglichen Materialien, Gebetbücher und Bildbände über die Stadt, Kettchen und Medaillons –, die Kinder konnten sich kaum sattsehen.
„Kommt jetzt", mahnte Heinz, „wir wollen schnell etwas essen gehen, danach beginnt schon der Kreuzweg!"
Das war leichter gesagt als getan; es dauerte lange, bis sie ein Restaurant fanden, in dem Platz war. Zwischen zwei Pilgeressen konnte man wählen. Alle genossen die Atmosphäre, schauten neugierig auf die vielen Passanten. Besonders all die Nonnen in ihren verschiedenen Trachten waren interessant, bei einigen konnte Heinz sagen, in welchem Orden sie waren. Die Zeit raste.
Dann wurde es höchste Zeit, die anderen Pilger zu suchen. Den Kreuzweg liebten die Kinder besonders. Es war wie ein langer Spaziergang unter Bäumen, an den Stationen hielten alle zum Gebet an, zwischendurch wurde gehend gesungen oder der Rosenkranz gebetet, während es allmählich dämmrig wurde.
Abschließend liefen alle noch einmal in die Kerzenkapelle für einen kurzen Gottesdienst. Hier gab es auch viel zu sehen: Riesige Kerzen an schweren Haltern bedeckten die Wände, Wappenschilder all der pilgernden Gemeinden hingen darunter und viele Votivtafeln,

auf denen für Heilung und Rettung aus Not gedankt wurde – es tat gut zu sehen, es gab immer Hilfe, und darauf vertraute die Familie fest und holte sich hier neue Kraft für den Alltag.

UNBEKANNT

Die Brücke des Lächelns

Es war ein kleines Lächeln, das machte sich auf den Weg, um zu sehen, ob es nicht jemanden fände, wo es wohnen könnte. Es traf ein kleines Augenzwinkern, das auch nicht viel größer war. Sofort fühlten sich die zwei zueinander hingezogen. Sie gaben sich die Hand und zogen gemeinsam weiter. Sie waren noch nicht sehr weit gegangen, da trafen sie zwei kleine Lachfältchen. Die fragte, wohin der Weg ginge, und gingen mit.
Da kamen sie in einen großen Wald, und unter einem Baum sahen die vier Freunde eine alte Frau sitzen, die allein war und sehr traurig aussah. Die vier verständigten sich kurz und guckten dann, ob die alte Frau noch Platz für sie hätte. Heimlich und lautlos versteckten sich die zwei Lachfältchen und das Augenzwinkern unter den Augen, und das Lächeln krabbelte in die Mundwinkel. Da kitzelte es die alte Frau, sie stand auf und merkte plötzlich, dass sie nicht mehr so traurig war, und sie ging hinaus aus dem Wald auf eine große Wiese, wo es hell und warm war.
Dem ersten Menschen, den sie traf, schenkte sie befreit ein kleines, klitzekleines Lächeln, zwinkerte dabei mit den Augen, und die Lachfältchen fühlten sich richtig wohl.

ELISA VOGGINGER

Pilgersegen

Der Herr segne und behüte dich
auf deinem Pilgerweg!
Er ebne dir die Straßen,
damit du unversehrt an dein Ziel kommst.
Bleib bewahrt vor Sturm, Regen und Hitze.
Mögen gute Weggefährten an deiner Seite sein
und ein Ruheplatz erwarte dich,
wenn die Sonne untergeht.
Die Engel Gottes mögen deinen Schlaf bewachen,
damit du deinen Weg
mit neuer Kraft fortsetzen kannst.

REISETIPP

THOMASKIRCHE IN LEIPZIG

Johann Sebastian Bach und dem Thomanerchor verdankt die Thomaskirche in Leipzig ihre weltweite Bekanntheit. Mit einem im Jahr 1212 gegründeten Augustiner-Chorherren-Stift nahm die Geschichte der Kirche ihren Anfang. Das Innere der spätgotischen dreischiffigen Hallenkirche erhielt zwischen 1482 und 1496 seine heutige Gestalt, während das Äußere auf die Jahre 1872 bis 1879 zurückgeht. Im Chorraum, unter einer Bronzeplatte aus dem Jahr 1950, liegen die Gebeine Johann Sebastian Bachs.
Die Kirche verfügt über zwei Orgeln. Im Bach-Jahr 2000 entstand die neue Bach-Orgel auf der Nordempore gegenüber dem Bach-Fenster. Sie dient der Wiedergabe der Orgelwerke Bachs, wurde von der Marburger Orgelwerkstatt Woehl erbaut und orientiert sich am mitteldeutschen Orgelbau des 18. Jahrhunderts. In den Motetten jeden Freitag und Sonnabend kann man dem Thomanerchor lauschen. www.thomaskirche.org

August

Fr	1	CH: Bundesfeier	Alfons Maria von Liguori, Petrus Faber, Ulrich von Ursberg
Sa	2		Eusebius von Vercelli, Petrus Julianus Eymard, Stephan I.
So	3	18. So. im Jahreskreis	Lydia v. Philippi, Burchard v. Rot (Burkhard), Benno v. Einsiedeln
Mo	4		Johannes Maria Vianney, Rainer von Spalato, Justinus
Di	5		Oswald v. Northumbrien, Dominika v. Florenz, Stanislaus Hosius
Mi	6	Verklärung des Herrn	Gilbert von Maria Laach, Hermann von Cappenberg
Do	7		Kajetan v. Thiene (Kai), Edmund Bojanowski, Juliana v. Lüttich, Sixtus II.
Fr	8		Dominikus, Cyriakus, Hildiger (Hilger)
Sa	9		Teresia Benedicta vom Kreuz (Edith Stein), Altmann von Passau
So	10	19. So. im Jahreskreis	Laurentius (Lorenz, Lars), Asteria von Bergamo (Astrid)
Mo	11		Klara von Assisi, Susanna von Rom, Nikolaus von Kues
Di	12		Johanna Franziska v. Chantal, Radegunde v. Thüringen, Karl Leisner
Mi	13		Gertrud v. Altenberg, Gerold v. Lübeck, Markus v. Aviano (Marco)
Do	14		Maximilian Maria Kolbe, Eberhard v. Einsiedeln, Meinhard v. Uexküll
Fr	15	Mariä Aufn. i. d. Himmel	Assunta, Mechthild von Magdeburg, Tarcisius, Bernhard Wensch
Sa	16		Stephan I. v. Ungarn, Rochus v. Montpellier, Altfrid (Alfred) v. Hildesheim
So	17	20. So. im Jahreskreis	Guda v. Arnstein (Jutta), Beatrix da Silva Meneses, Klara v. Montefalco
Mo	18		Helena, Claudia von Genf, Rainald von Ravenna
Di	19		Johannes Eudes, Sebald von Nürnberg, Ludwig von Toulouse
Mi	20		Bernhard von Clairvaux, Samuel, Ronald von Orkney, Oswin, Hugo
Do	21		Pius X., Gratia von Alcira (Gracia), Balduin von Rieti
Fr	22		Maria Königin (Regina), Siegfried von Wearmouth, Maurus
Sa	23		Rosa von Lima, Flavian von Autun, Richildis von Hohenwart
So	24	21. So. im Jahreskreis	Apostel Bartholomäus, Ansoalda (Isolde), Karl von Borango
Mo	25		Ludwig IX. v. Frankreich, Josef v. Calasanz, Elvira v. Périgord, Patricia
Di	26		Gregor von Utrecht, Teresa von Jesus Jornet, Alexander von Bergamo
Mi	27		Monika, Gebhard II. von Konstanz, Cäsarius von Arles
Do	28		Augustinus v. Hippo, Elmar v. Lüttich, Adelind v. Buchau, Adeline
Fr	29		Enthauptung Johannes' d. Täufers, Sabina v. Rom, Beatrix v. Aa
Sa	30		Heribert von Köln, Rebekka, Ingeborg, Amadeus von Lausanne
So	31	22. So. im Jahreskreis	Paulinus von Trier, Raimund Nonnatus, Josef von Arimathäa

Gelassen werden

MUTTER TERESA

Mach uns würdig, Herr, zu dienen

Gott liebte die Welt so sehr, dass er ihr seinen Sohn schenkte; er gab ihn einer Jungfrau, der seligen Jungfrau Maria, und sie ging – in dem Augenblick, in dem er in ihr Leben kam – in Eile, um ihn andern zu bringen. Und was machte sie dort? Sie verrichtete die Arbeit der Dienerin. Sie diente. Sie verbreitete die Freude, andere zu lieben. Und Jesus Christus liebt dich und mich, und er gab sein Leben für uns. Und als ob das für ihn noch nicht genug war, sagte er immer wieder: „Liebt, wie ich euch geliebt habe, wie ich euch jetzt liebe." Und wie müssen wir lieben? Lieben, indem wir geben, denn er gab uns seinen Sohn. Er gab sein Leben für uns, und er fährt fort zu geben; er gibt hier, überall, in unserem eigenen Leben und im Leben anderer. Es war für ihn nicht genug, für uns zu sterben.
Er wollte, dass wir einander lieben, dass wir ihn im andern sehen. Und um sicher zu sein, dass wir verstehen, was wir brauchen, sagte er, in der Stunde des Todes werden wir danach gerichtet werden, was wir für die Armen, die Hungrigen, Nackten, Heimatlosen gewesen sind. Er machte sich selbst zum Hungrigen, Nackten, Heimatlosen, hungrig nicht nur nach Brot, sondern nach Liebe, nackt nicht nur ohne ein Stück Stoff, sondern nackt ohne menschliche Würde; heimatlos nicht nur, weil er kein Heim hat, sondern heimatlos, weil er vergessen ist, ungeliebt, nicht umsorgt, für niemanden liebenswert. Und er sagte: „Was ihr dem Geringsten meiner Brüder getan habt, das habt ihr mir getan."
Es ist so wundervoll für uns, durch diese Liebe heilig zu werden. Heiligkeit ist nämlich nicht ein Luxus für wenige, sondern eine einfache Pflicht für jeden von uns. Und durch diese Liebe, durch diese Liebe zueinander erreichen wir sie.

MUTTER TERESA

Mutter Teresa wurde am 27. August 1910, vor 115 Jahren, im heutigen Mazedonien geboren. Mit 18 Jahren schloss sie sich den Loreto-Schwestern an und wurde ins Noviziat nach Indien geschickt. Bei einer Fahrt durch Kalkutta hörte sie 1946 den Ruf Christi „Mich dürstet" und verstand ihn als Aufforderung, sich den Ärmsten zu widmen. Mutter Teresa arbeitete in den Slums und gründete Schulen und Sterbehospize. Im Jahr 1950 entstand die Gemeinschaft der „Missionarinnen der Nächstenliebe". Für ihre zahlreichen Verdienste erhielt sie 1979 den Friedensnobelpreis. Sie starb 1997 und wurde bereits 2003 seliggesprochen.

MUTTER TERESA

Herr, gib mir

Herr, gib mir, dass ich möglichst wenig von mir selbst spreche;
dass ich mich meiner Arbeit hingebe, die Neugier zähme und
mich nicht in die Angelegenheiten anderer einmische;
dass ich Widerspruch und Zurechtweisungen froh und gelassen akzeptiere;
dass ich über die Fehler anderer hinwegsehe;
dass ich es annehme, getadelt zu werden,
auch wenn ich nicht im Unrecht gewesen bin;
dass ich mich dem Willen anderer beuge;
dass ich Beleidigungen und Kränkungen hinnehme;
dass ich es dulde, wenn ich geringschätzig behandelt, vergessen
und nicht geliebt werde;
dass ich auch dann sanft und barmherzig bin, wenn man mich provoziert;
dass ich nicht danach trachte, bevorzugt und bewundert zu werden;
dass ich nicht meine eigene Würde gelten mache;
dass ich in der Diskussion nachgebe, selbst wenn ich glaube, recht zu haben;
dass ich immer das Schwierigere wähle.

MANFRED BECKER-HUBERTI

Salve Regina – Maria Königin

Papst Pius XII. führte am 1. November 1954 zum Abschluss des Marianischen Jahres anlässlich der Hundertjahrfeier der feierlichen Verkündigung des Glaubenssatzes von der Unbefleckten Empfängnis Mariens das Fest Maria Königin weltweit ein. Das geschah durch die Krönung des Gnadenbildes in der Basilika Maria Maggiore, der größten Marienkirche Roms. Das von Pius XII. auf den 31. Mai gelegte Fest wurde 1969 durch den neuen Generalkalender auf den ehemaligen Oktavtag von Mariä Himmelfahrt, den 22. August, verlegt. Die Kalenderreformer hofften, dass „... damit die Verbindung zwischen der königlichen Würde Mariens und ihrer Aufnahme in den Himmel deutlicher wird". Das Königtum Mariens sollte als die Vollendung ihrer glorreichen Aufnahme in den Himmel gedeutet werden. Der auferstandene und erhöhte Christus, selbst vom Vater gekrönt, setzt seiner Mutter die Krone der Vollendung auf.

Das uralte Motiv der Marienkrönung hat in der abendländischen Kunst eine lange Tradition. Ein Bild aus dem 2. Jahrhundert in den Priscilla-Katakomben Roms stellt Maria in der Kleidung der damaligen Kaiserinnen dar. Bereits die Kirchenväter gebrauchten Titel wie heilige Königin oder glückselige Königin. Im Rosenkranzgebet wird die Krönung Mariens als letztes der glorreichen Geheimnisse meditiert. Die zu königlicher Würde aufgestiegene demütige Magd, die sich durch uneingeschränktes Vertrauen Gottes Wort unterstellt hat, wurde zur ersten Bürgerin des himmlischen Reiches und erlangte so die Königswürde der Gotteskindschaft – stellvertretend für alle, die ihr „Ja" nachzuleben versuchen.

Tipp von Sr. Hedwig

DILL

Dill liefert zwei leicht verschiedene Gewürze: Einerseits verwendet man die getrockneten Früchte, andererseits das frische oder getrocknete Kraut, das allerdings beim Trocknen viel Aroma verliert. Das meiste Aroma bringt frisch geerntete Dill mit, wenn er direkt nach Sonnentagen geschnitten wird.
Die Dill-Samen sind erntereif, wenn sie sich bräunlich verfärben. Schneiden Sie die Erntestände ab und hängen Sie diese kopfüber zum Trocknen über einem Tuch auf. Wenn die Samen fertig getrocknet sind, fallen sie von selber ab. Heilkräftigend jedoch sind vorwiegend die Samen der einjährigen Pflanze. Die Samen enthalten carvonhaltiges ätherisches Öl. Dill wirkt appetitanregend, lindert Blähungen, fördert die Verdauung (gut bei Darmträgheit) und weist eine schwach antibakterielle Wirkung auf. Außerdem ist Dill reich an Magnesium.

ANNEMARIE JASCHINSKI

Gegen alle Vernunft

will ich leben,
lachen und weinen,
lernen, mehr zu lieben,
des Lebens Rätsel zu entziffern,
mich verschenken,
ohne nachzudenken.

Gegen meinen Verstand,
aber für mein Herz,
will ich es wagen
Kartenspiele neu zu mischen
Wolkenbilder ziehen zu lassen
dem Zufall die Hände reichen.

Gegen alle meine Vernunft
aber für mein Herz ...

80. Todestag Karl Leisner

Karl Leisner (1915–1945) baute ab 1934 als Jungscharführer im Bistum Münster verbotene Jugendgruppen auf. Zum Reichsarbeitsdienst eingezogenen Jugendlichen ermöglichte er die Gottesdienstteilnahme. Der 1939 zum Diakon geweihte Leisner wurde wegen seiner Kritik an Hitler verhaftet und im KZ Dachau inhaftiert. Hier empfing er, schon von seiner Tuberkulose-Erkrankung gezeichnet, am 17. Dezember 1944 die Priesterweihe. Er konnte nur eine einzige Messe feiern und starb kurz nach der Befreiung aus dem Konzentrationslager vor 80 Jahren, am 12. August 1945. Sein letzter Tagebucheintrag lautete: „Segne auch, Höchster, meine Feinde!“ Papst Johannes Paul II. sprach den Märtyrer Karl Leisner 1996 selig.

375 Jahre Augsburger Hohes Friedensfest

Seit 375 Jahren begeht Augsburg am 8. August das „Hohe Friedensfest“. Katholiken und Protestanten lebten hier seit der Reformation gleichberechtigt zusammen, Ämter teilte man paritätisch zwischen beiden Konfessionen auf. Doch im Dreißigjährigen Krieg verbot der Kaiser am 8. August 1629 den Augsburger Protestanten die Glaubensausübung. Je nach Kriegslage unterdrückte man abwechselnd evangelische oder katholische Christen. Der Westfälische Frieden stellte 1650 die Parität in Augsburg wieder her. Daran erinnert bis heute das Augsburger Hohe Friedensfest – seit 1950 gesetzlicher Feiertag im Stadtkreis Augsburg.

80. Todestag von Franz Werfel

Franz Werfel (1890–1945) kam am 10. September 1890 in einer deutsch-jüdischen Familie in Böhmen zur Welt. Der barocke Katholizismus seiner Heimatstadt Prag und die Frömmigkeit seines tschechischen Kindermädchens prägten den jungen Werfel, der in seinen Werken immer wieder religiöse Themen verarbeitete. Sein Roman „Höret die Stimme“ widmet sich dem Leben des Propheten Jeremia. Einem Gelübde folgend verarbeitete er nach seiner geglückten Flucht in die USA 1941 in „Das Lied von Bernadette“ das Leben der hl. Bernadette Soubirous. Sein wohl wichtigstes Werk „Die vierzig Tage des Musa Dagh“ thematisiert den Völkermord an den Armeniern. Franz Werfel starb vor 80 Jahren, am 26. August 1945 in Beverly Hills.

REZEPT

Lachs mit Sauerampfer und Bandnudeln

für 2 Personen

ZUTATEN

2 Lachsfilets	500 g Nudeln nach Wahl
50 g Sauerampfer	2 TL Tomatenmark
60 g geschmolzene Butter	150 g Sahne
1 Zitrone	50 g Gorgonzola
2 TL gemischte Kräuter	2 TL Brühe
Salz, Pfeffer	

ZUBEREITUNG

Lachs und Sauerampfer waschen und trocken tupfen. Lachs in eine gefettete Auflaufform legen. Marinade: geschmolzene Butter, Kräuter, Zitronensaft, Salz und Pfeffer vermischen. Lachs mit der Marinade dünn bestreichen und mit Sauerampfer bedecken. Restliche Marinade als dritte Schicht auf den Lachs und in die Backform geben. Ca. 15 min bei 180 °C backen. Nudeln al dente kochen und abgießen. Soße: Sahne in eine Pfanne geben, mit Gorgonzola, Crème fraîche, Brühe und Tomatenmark verrühren und kurz aufköcheln lassen. Dann die Nudeln hinzugeben, durchschwenken und alles servieren.

Küchentipps

Zu trockener Lachs
Wird der Lachs beim Garen zu trocken, kann man ihn mit zerlassener Butter, einem geschmackvollen Öl oder etwas Vinaigrette retten. Einfach damit beträufeln, schon schmeckt er wieder ausgezeichnet.

Frischer Lachs
Wenn Sie den frisch gekauften Lachs in ein feuchtes Papier einschlagen, dann hält sich der Fisch im Kühlschrank bis zu 24 Stunden frisch.

Gesunder Lachs
Fetter Fisch setzt im menschlichen Körper kein Fett an. Lachs enthält sehr viele gesunde, ungesättigte Fettsäuren, viele Omega-3-Fettsäuren, aber auch zahlreiche Vitamine (A, B1, B6, B12 und D) und Mineralstoffe.

PETER BIQUÉ

Für immer in der Südsee

Der kleine Kumpel Bernemann saß auf der Düne. Er hatte eine Lieblingsdüne hinter unserem Neßmersieler Nordseestrand, wo wir einen Strandkorb abonniert hatten.

Wenn der siebenjährige Bernemann, der zu Hause in die erste Schulklasse ging, über die große Welt und seine nicht ganz so große Kinderwelt nachdenken und sich vielleicht auch ein wenig in die Ferne träumen wollte, dann setzte er sich oft auf diese Düne. Ich weiß, dass er sich manchmal nach Norden träumte, nach Helgoland und nach Grönland und nach Island und an den Nordpol, dass er sich aber manchmal auch nur Gedanken machte über Gott und die Welt – wie ist das, wenn ich noch über zwölf Jahre in die Schule gehen muss, das ist ja eine unvorstellbar lange Zeit und immer nur dieser langweilige Schulbetrieb, und erst, wenn ich das alles erledigt habe, kann ich mein eigentliches Ziel verfolgen und endlich Weltraumfahrer werden und zu den Sternen dort oben hin fliegen, die hier in den klaren Nordseenächten so schön funkeln und glitzern und leuchten ...

Mannomann, und Peter sagt, dass es leider keine Möglichkeit gibt, die Dinge irgendwie zu beschleunigen.

Ich saß in unserem Strandkorb und legte meinen Wildwestroman beiseite. Nun also, dachte ich mir, ich will doch mal nach dem kleinen Kumpel schauen, er hockt jetzt schon eine ganze Weile da hinten auf seiner Lieblingsdüne – und er wird doch nicht etwa Trübsal blasen. Dazu gäbe es keinen ersichtlichen Grund, aber trotzdem, man weiß ja nie ...

Ich wuchtete mich auf die Beine und schlenderte hinüber zu Bernemanns Düne.

„Hallihallo, mein Guter", sülzte ich. „Ist alles im grünen Bereich bei dir? Alles voll cool auf deinem Planeten?"

Der kleine Kumpel schaute auf. „Du bist kein Ehrenmann, Peter", flötete er.

„Aber warum denn nicht?"

„Weil du mich störst. Ich habe gerade vor mich hin geträumt."

„Naja, ich wollte nur mal nach dir sehen. Wovon hast du denn geträumt?"

„Weil wir hier an der Nordsee sind", sagte er, „habe ich mich in die Südsee geträumt. Ich hab mich an einen blütenweißen Strand geträumt mit Palmen und grünem Meer.

Hier unsere Nordsee ist ja immer nur grau. Und in der Südsee ist es mollig warm, und ich trinke Kokosmilch und Ananassaft, und ich liege in einer Hängematte, und ich denke mir, dass ich nie mehr in die Schule gehen muss, sondern für immer in der Südsee bleiben kann."

Ich setzte mich neben ihn auf die Düne. Außer Sand gab es in unserer Nähe nur ein paar Büschel Besengräser.

„Das ist ein schöner Traum, Bernemann", sagte ich. „Wir können uns immer alle möglichen wunderbaren Szenen zurecht

träumen. Aber wir wissen doch auch, dass die Wirklichkeit ganz anders ist."
„Jaja", brummelte der Junge. „Ich weiß. Das weiß ich doch. Aber jetzt bin ich sowieso aus dem Traum raus."
„Soll ich dich wieder allein lassen?"
Er grinste mich in voller Breitseite an. „Nöö, ist nicht nötig. Ich gehe mit dir zum Strandkorb und schaue dann auf die Nordsee und hinüber auf die Insel Baltrum. Das ist ja auch ganz schön."
„Klar ist das schön. Deswegen sind wir ja hier."
Wir erhoben uns und bummelten zurück zu unserem Strandkorb. Über uns segelten ein paar Möwen im Westwind.

PETER BIQUÉ

Im Strandkorb an der Nordsee

Es ist immer wieder schön, faul im Strandkorb zu hängen und auf den Strand zu schauen und auf die graue Nordsee und dabei zu hören, wie hoch oben die Lachmöwen im Wind schreien. Es ist große Klasse zu beobachten, wie die Wellenkämme dem Strand entgegenströmen und vorne an den Ufersand züngeln.
Manchmal trug so eine heranrollende Welle ein weißes Schaumkrönchen auf dem Rücken. Ich erlebte gerade eine freundliche und idyllische Naturepisode in Ostfriesland.
Leif-Lasse, der Strandmeister, stapfte heran. In seinen roten Sportklamotten sah er fast aus wie einer dieser Jungs vom kalifornischen Baywatch-Team.
„Moin, Peter", tönte er heiter.
„Moin, Leif-Lasse", konterte ich. „Was sagen die Gezeiten? Wie lange haben wir noch Flut?"
Leif-Lasse schaute auf seine Armbanduhr und warf einen Blick hinauf zur Sonne, die gerade hinter einer Wolke hervorkam. „Ich schätze", sagte er, „noch eine gute Stunde. Dann setzt die Ebbe ein. Dann zieht sich die Nordsee allmählich zurück bis nach Norwegen." An dieser Stelle muss ich wohl ein wenig verdutzt aus der Wäsche geschaut haben, denn er fügte rasch hinzu: „War nur ein Scherz, Peter."
„Verstehe, Leif-Lasse. Echt friesischer Humor."
„Wenn du aber jetzt mit einem Friesenwitz rüberkommst, verweise ich dich des Strandes."
Wir lachten beide, und ich sagte, dass ich leider keine Witze kenne.
„Da hast du Glück", meinte er. „Wo ist Bernemann?"
„Der Junge", sagte ich, „ist zu Bullys Imbissbude gelaufen. Er will sich ein Eis holen."
„Jaja, ein Eis von Bully. Wie alt ist Bernemann jetzt?"

„Sieben", sagte ich. „Und Eis kann er zu jeder Tages- und Nachtzeit vertilgen. Wenn ich es ihm erlaube, würde er sich, glaube ich, nur von Eis ernähren."

„Macht ja überhaupt nix", singsangelte der Strandmeister. „Ich hatte früher auch mal so eine Phase. Aber das ist irgendwie vorbeigegangen. Da kommt er übrigens."

Ich schaute nach rechts, und da kam Bernemann über den Strand herangetrottet, in der Hand die Eistüte, an der er emsig schleckte. Er schwang sich neben mir in den Strandkorb und grinste unseren Strandmeister an.

„Moin, Leif-Lasse", krähte er. Er kannte sich auch mit den nordischen Gepflogenheiten aus.

„Moin, Bernemann. Ist das Eis von Bully gut?"

„Heute ist es tierisch cool."

„Na also. So, ihr zwei, ich muss mich mal weiter umgucken, damit hier am Strand alles seine Richtigkeit hat. Schönen Tag noch und Moin-moin."

„Mach's gut, Leif-Lasse."

„Lasst euch nicht vom Wetter irritieren. Später wird's noch Regen geben."

Der Strandmeister wandte sich ab und stapfte davon. Über uns keckerten die Möwen im Wind. Die Nordseewellen rauschten leise. Grau zogen ein paar Himmelswolken vorbei. Der kleine Kumpel Bernemann schlabberte sein Eis. Es war – vorläufig noch – ein schöner Tag im Strandkorb an der Nordsee.

Irischer Reisesegen

Möge dein Weg
dir freundlich entgegenkommen,
möge der Wind dir den Rücken stärken.
Möge die Sonne dein Gesicht erhellen und
der Regen um dich her die Felder tränken.
Und bis wir beide, du und ich,
uns wiedersehen,
möge Gott dich schützend
in seiner Hand halten.

REISETIPP

BALTRUM

Nur 600 Einwohner wohnen auf Baltrum, der kleinsten ostfriesischen Insel. Trotzdem stehen hier drei Gotteshäuser. Die evangelische Alte Inselkirche wurde 1826 als mindestens fünfte Kirche der Insel erbaut. Etwa 50 Menschen finden in dem im Inneren in Blautönen gehalten Gotteshaus Platz. Neben der Kirche steht ein einfaches Glockengerüst, die Glocke stammt von einem gestrandeten Schiff. Nach dem Ersten Weltkrieg wuchs die Zahl der Kurgäste und so wurde 1929/30 die Große Inselkirche erbaut, an die man 1959 Seitenschiffe anfügte. In den Jahren 1964/65 erhöhte man den Turm. Die katholische Kirche St. Nikolaus wurde 1957 geweiht. Ein kleiner reetgedeckter Rundbau ist die Winterkirche, den Platz davor umschließt ein reetgedeckter Umgang. Öffnet man die Türen, so erhöht sich die Kapazität der Kirche auf 300 Plätze.
www.ev-kirche-baltrum.de
www.sankt-ludgerus-norden.de

September

Mo	1		Ruth, Josua, Gideon, Verena, Ägidius, Aloys Scholze
Di	2		Ingrid Elovsdotter, Franz Urban Salins de Niart, Justus von Lyon
Mi	3		Gregor der Große, Sophie von Minden, Phoebe, Marinus von Rimini
Do	4		Irmgard von Süchteln, Ida von Herzfeld, Iris, Rosa von Viterbo
Fr	5		Mutter Teresa, Roswitha von Gandersheim, Maria Theresia
Sa	6		Magnus v. St. Gallen, Gundolf v. Metz, Stephan v. Die (Étienne)
So	7	23. So. im Jahreskreis	Otto von Freising, Judith, Regina von Burgund, Dietrich I. von Metz
Mo	8	Mariä Geburt	Hadrian (Adrian), Sergius I., Alan de la Roche
Di	9		Petrus Claver, Friedrich (Frederic) Ozanam, Euthymia Üffing (Emma)
Mi	10		Nikolaus v. Tolentino, Diethard v. Tongern, Dagobert II. v. Austrasien
Do	11		Ludwig IV. von Thüringen, Maternus von Köln, Felix und Regula
Fr	12		Mariä Namen (Marion), Guido v. Anderlecht, Gerfried v. Münster
Sa	13		Johannes Chrysostomus, Tobias u. Tobit, Notburga von Rattenberg
So	14	Kreuzerhöhung	Conan O'Rourke (Kornelius), Albert von Jerusalem
Mo	15		Dolores, Roland von Medici, Melitta von Preslav (Melissa)
Di	16		Kornelius von Rom, Edith von Wilton, Julia von Oeren
Mi	17		Hildegard von Bingen, Robert Bellarmin, Ariadne (Ariane)
Do	18		Lambert v. Maastricht, Lambert v. Freising, Richardis v. Andlau (Ricarda)
Fr	19		Theodor von Canterbury, Igor von Kiew, Januarius von Neapel
Sa	20		Andreas Kim Taegon, Paul Chong Hasang, Eustachius, Warin
So	21	25. So. im Jahreskreis	Apostel und Evang. Matthäus, Jona(s), Debora, Maura
Mo	22	Herbstanfang	Herbstanfang, Mauritius (Moritz), Emmeram von Regensburg
Di	23		Zacharias u. Elisabeth, Thekla v. Ikonium, Linus, Pio da Pietrelcina
Mi	24		Rupert u. Virgil v. Salzburg, Gerhard Sagredo, Hermann der Lahme
Do	25		Niklaus von Flüe (Bruder Klaus), Gottfried Thelen, Firmin von Amiens
Fr	26		Kosmas u. Damian, Kaspar Stanggassinger, Eugenia v. Odilienberg
Sa	27		Vinzenz von Paul, Hiltrud von Lissies, Dietrich I. von Naumburg
So	28	26. So. im Jahreskreis	Lioba v. Tauberbischofsheim, Wenzeslaus (Wenzel), Laurentius Ruiz
Mo	29	Michaelistag	Erzengel Michael, Gabriel und Rafael, Johannes von Dukla (Jan)
Di	30		Hieronymus, Sophia von Mailand, Urs und Viktor von Solothurn

Achtsam bleiben

MEDITATION

PAPST FRANZISKUS

Der dankbare Samariter

Das Evangelium lädt uns ein, mit Staunen und Dankbarkeit die Gaben Gottes anzuerkennen. Auf dem Weg, der ihn zum Tod und zur Auferstehung führt, trifft Jesus zehn Aussätzige, die ihm entgegenkommen. Sie bleiben in der Ferne stehen und schreien ihr Übel vor jenem Mann heraus, den ihr Glaube als möglichen Retter erahnt: „Jesus, Meister, hab Erbarmen mit uns!" (Lk 17,13). Sie sind krank. Sie suchen jemand, der sie heilt. Jesus antwortet und sagt ihnen, zu den Priestern zu gehen und sich ihnen zu zeigen. Nach dem Gesetz des Mose hatten die Priester nämlich die Aufgabe, eine eventuelle Heilung festzustellen. Auf diese Weise beschränkt Jesus sich nicht darauf, ein Versprechen zu geben, sondern stellt ihren Glauben auf die Probe. Zu diesem Zeitpunkt sind die zehn nämlich noch nicht geheilt. Sie erlangen die Gesundheit erst auf dem Weg zurück, nachdem sie dem Wort Jesu gehorcht haben. Alle zeigen sich voller Freude den Priestern und gehen dann ihre Wege, wobei sie aber den Geber vergessen, also den Vater, der sie durch seinen Mensch gewordenen Sohn Jesus geheilt hat.

Nur einer macht eine Ausnahme: ein Mann aus Samarien, ein Fremder, der an den Rändern des auserwählten Volkes lebt, fast ein Heide! Dieser Mann gibt sich nicht damit zufrieden, die Heilung mittels des eigenen Glaubens erhalten zu haben, sondern sorgt dafür, dass jene Heilung auch zu ihrer Vollendung kommt. Er kehrt zurück, um seinen Dank für die empfangene Gabe zu bekunden. So erkennt er Jesus als den wahren Priester an, der ihn – nachdem er ihn aufgerichtet und geheilt hat – auf den Weg bringt und in seine Jüngerschaft ruft.

Dank sagen und Lob darbringen können für das, was der Herr für uns tut – wie ist das wichtig! Und dabei mögen wir uns fragen: Sind wir fähig, Danke zu sagen?

DER DANKBARE SAMARITER *(Lukas 17,12–19)*

Als Jesus in ein Dorf hineingehen wollte, kamen ihm zehn Aussätzige entgegen. Sie blieben in der Ferne stehen und riefen: Jesus, Meister, hab Erbarmen mit uns! Als er sie sah, sagte er zu ihnen: Geht, zeigt euch den Priestern! Und es geschah, während sie hingingen, wurden sie rein. Einer von ihnen aber kehrte um, als er sah, dass er geheilt war; und er lobte Gott mit lauter Stimme. Er warf sich vor den Füßen Jesu auf das Angesicht und dankte ihm. Dieser Mann war ein Samariter. Da sagte Jesus: Sind nicht zehn rein geworden? Wo sind die neun? Ist denn keiner umgekehrt, um Gott zu ehren, außer diesem Fremden? Und er sagte zu ihm: Steh auf und geh! Dein Glaube hat dich gerettet.

Wie oft sagen wir in der Familie Danke, in der Gemeinschaft oder in der Kirche? Wie oft sagen wir jemandem Danke, der uns hilft, der uns nahe ist oder der uns im Leben begleitet? Oft nehmen wir alles als selbstverständlich hin. Und das geschieht auch mit Gott. Es ist leicht, zu Gott zu gehen, um etwas zu erbitten. Aber zurückzukehren, um sich zu bedanken ...? Deshalb unterstreicht Jesus mit Nachdruck das Ausbleiben der neun undankbaren Aussätzigen: „Es sind doch alle zehn rein geworden. Wo sind die übrigen neun? Ist denn keiner umgekehrt, um Gott zu ehren, außer diesem Fremden?“ (Lk 17,17-18).
Nur wer Danke zu sagen vermag, erfährt Freude in Fülle. Um Danke sagen zu können, bedarf es auch der Demut.
Es ist bedeutsam, dass der Mann aus Samaria ein Fremder ist. Wie viele Fremde, auch Menschen anderer Religionen, geben uns ein Beispiel für die Werte, die wir manchmal vergessen oder vernachlässigen. So mancher, der neben uns lebt und vielleicht gering geschätzt oder ausgegrenzt wird, weil er ein Fremder ist, kann uns jedoch beibringen, wie wir auf dem Weg gehen sollen, den der Herr will. Lernen wir, immer zu Jesus zurückzukommen, um ihm Danke zu sagen für so viele Wohltaten seiner Barmherzigkeit!

P. ECKHARD BIEGER SJ

Erzengel Michael

Der Michaelistag hat in Deutschland eine sehr lange Tradition. Der 29. September geht ursprünglich auf die Weihe der Michaeliskirche in Rom 493 zurück. Bei der Mainzer Synode 813 hat Ludwig der Fromme, Sohn Karls des Großen, diesen Termin festlegen lassen. Seitdem ist Michael Patron Deutschlands und der deutsche „Michel" Sinnbild der Deutschen. Die Vorstellung vom deutschen Michel entsteht allerdings erst im 17. Jahrhundert. Zuerst ist es der „schreckliche deutsche Michel", bezogen auf den Reiteroberst Michael von Ortraut. Im 18. Jahrhundert steht der deutsche Michel für „Bauer" oder „Schlafmütze", ein gutmütiger, verträumter, unpolitischer Geselle.

Wie in den Namen der beiden anderen Engel Gabriel und Rafael findet sich die Silbe „El", die für Elohim, Gott, steht. Michael heißt übersetzt „Wer ist wie Gott". Mit dieser Frage tritt Michael dem abgefallenen Engel Luzifer entgegen, der sich Gott gleich wähnt.

Im Alten Testament bereits wird Michael mit Namen erwähnt (Dan 10,12.21; 12,1). Er wird dort als Beschützer Israels bezeichnet. Im jüdischen Schrifttum gilt Michael als Anführer der guten Engel und als Widersacher des Satans, als den ihn auch das neutestamentliche Buch „Offenbarung des Johannes" (12,7) sieht. In der deutschen Missionsgeschichte wurde Michael zum Widersacher der heidnischen Götter. Michael wird als Beschützer der Kirche und später des Heiligen Römischen Reiches Deutscher Nation verehrt, er gilt als Patron der Sterbenden, die er in den Himmel geleitet. Viele Friedhofskapellen sind ihm daher geweiht.

Tipp von Sr. Hedwig

HAUHECHEL

Die Hauhechel ist ein kleiner Strauch aus der Familie der Hülsenfrüchte. Die rosafarbenen bis roten Blüten sind leicht zu erkennen. Doch ihre (weichen) Dornen können schmerzhaft piksen. Die Pflanze ist in ganz Europa verbreitet. Sie wächst wild auf trockenen Wiesen und an Waldrändern. Ihr Name kommt daher, dass die bis zu 50 Zentimeter tief in den Boden reichende Wurzel früher mühsam mit der Haue ausgegraben wurde.
Man übergießt zwei Teelöffel der getrockneten und zerkleinerten Wurzel mit einem Viertelliter heißem Wasser und lässt diesen Tee an einem warmen Ort eine halbe Stunde ziehen. Zwei Tassen pro Tag sollte man trinken, mehr nicht.
Die getrocknete Wurzel der Hauhechel wird zur Blutreinigung verwendet und als mild wassertreibendes Mittel zur Durchspülungstherapie bei Infektionen der ableitenden Harnwege, bei Nierengrieß und auch zur Vorbeugung von Nierensteinen.

FRIEDRICH HEBBEL

Herbstbild

Dies ist ein Herbsttag, wie ich
keinen sah!
Die Luft ist still, als atmete man
kaum,
und dennoch fallen raschelnd, fern
und nah,
die schönsten Früchte ab von
jedem Baum.

O stört sie nicht, die Feier der
Natur!
Dies ist die Lese, die sie selber
hält,
denn heute löst sich von den
Zweigen nur,
was vor dem milden Strahl der
Sonne fällt.

KALENDERBLATT

150 Jahre Steyler Missionare

Am 8. September 1875, vor 150 Jahren, gründete der deutsche Priester Arnold Janssen (1837–1909) im niederländischen Dorf Steyl ein Missionshaus, aus dem sich die „Gesellschaft des Göttlichen Wortes“ entwickelte, besser bekannt als „Steyler Missionare“. Janssen vermisste im katholischen Deutschland das Engagement für die Mission. Der Kulturkampf zwang ihn, in die Niederlande auszuweichen. Die beiden ersten Missionare brachen 1879 nach China auf. Bereits 1889 rief Janssen mit den „Dienerinnen des Heiligen Geistes“ auch einen weiblichen Ordenszweig ins Leben. Heute wirken etwa 6000 Priester und Brüder sowie 3500 Schwestern des Ordens und in der Verkündigung und der Armenfürsorge.

70. Todestag von Schwester Maria Euthymia

Emma Üffing wurde am 8. April 1914 im Norden des Tecklenburger Landes in Westfalen geboren. Im Alter von 20 Jahren trat sie den Clemensschwestern in Münster bei, nahm den Ordensnamen „Maria Euthymia“ an und absolvierte eine Ausbildung zur Krankenschwester. Sie arbeitete in einem Hospital in Dinslaken auf der Frauen- und auf der Isolierstation. Hier gab es viele Kinder. Mit Fröhlichkeit und Liebe versuchte Maria Euthymia, den Kindern die fehlende Mutter zu ersetzen. In den Jahren des Zweiten Weltkrieges pflegte sie aufopferungsvoll Kriegsgefangene und Zwangsarbeiter. Sie kannte weder Ekel noch Berührungsängste. Ihre Patienten nannten sie „Engel der Liebe“. Im Jahr 1948 wurde Maria Euthymia in die Waschküche der wiederaufgebauten Raphaelsklinik in Münster versetzt. Hier war sie für die Wäsche in Krankenhaus und Mutterhaus des Ordens zuständig. Sie übernahm die wichtige, aber schwere Arbeit mit den Worten: „Es ist alles für den großen Gott.“ Ihre Kraft holte Maria Euthymia sich aus dem Gebet in der nahen Servatiikirche. Im Juli 1955 brach sie bei der Arbeit zusammen, am 9. September 1955 starb sie an einem schon weit fortgeschrittenen Krebsleiden.
Schon bald nach ihrem Tod wurde Maria Euthymia um Fürsprache angerufen. Bereits 1959 wurde der Seligsprechungsprozess eröffnet, 2001 sprach Papst Johannes Paul II. Maria Euthymia selig. Ihr Grab auf dem Zentralfriedhof in Münster, inmitten der Gräber Hunderter Clemensschwestern, wird von den Gläubigen sehr verehrt.

REZEPT

Tomaten-Giersch-Muffins

für 4 Personen

ZUTATEN

- 200 g Mehl
- 150 g Magerquark oder Frischkäse
- 80 g geriebener Parmesan
- 300 g Kirschtomaten
- 60 ml Olivenöl
- 60 ml Milch
- 2 TL Backpulver
- 1 Ei
- 1 Bund Giersch
- Käse nach Wunsch

ZUBEREITUNG

Quark, Parmesan, Ei, Öl und Milch vermengen. Giersch waschen und schneiden. Trockene Zutaten vermengen und diese mit den nassen unterheben. Giersch fein hacken, Tomaten halbieren und die Hälfte der Tomaten beiseitelegen. Giersch und ca. 150 g Tomaten in den Teig unterheben, 2 EL Giersch beiseitelegen. Tomaten obendrauf geben und nach Wahl mit geräuchertem Tofu, Schinken o. Ä. toppen. Teig in Muffinform oder Backform geben. Übrige Tomaten und Giersch obendrauf geben (es kann auch Käse hinzugefügt werden) und 20 min bei 180 °C backen.

Küchentipps

Parmesan selber reiben

Wer mag, kann den Parmesan kurz vor der Verwendung auch selbst reiben. So schmeckt die italienische Käsespezialität nämlich am allerbesten.

Tomaten

Weiche Tomaten werden wieder fest, wenn man sie eine Weile in kaltes Wasser legt.

Tomaten schneiden

Tomaten immer mit einem scharfen Messer schneiden. So läuft weniger Saft aus, die Schale wird nicht gequetscht und die Stücke werden gleichmäßiger. Am besten eignet sich ein kleines Gemüsemesser. Den Stilansatz entfernt man, indem man die Tomate zunächst halbiert und den Ansatz dann keilförmig ausschneidet.

Thomas Hanstein

Wer klopft denn da?

Im ersten Jahr auf dem Lande hat es uns irritiert. „Sieht man denn die Klingel nicht?“, fragte mich da meine Frau oft. Mittlerweile muss ich gar nicht mehr nachsehen, wer da jeweils vor dem Fenster steht. Ich höre es. Der alte Franz klopft anders als die vorsichtige Eli. Franz hämmert mit seinen robusten Fingern so sehr gegen die Scheibe, dass man meint, es sei etwas passiert. Dachten wir anfangs auch. Die Kinder erschraken da noch. Heute merken wir, dass er immer gleich zu klopfen scheint. Kräftig, vehement, ein Mann halt. Eli dagegen späht zuerst durch das Fenster, lehnt sich ganz nah an die Scheibe und legt ihren Arm über den Kopf, als Stütze, oder um das sie anstrahlende Licht abzuwehren. Ein Anblick übrigens, der beim ersten Mal nicht weniger erschreckend war als das Hämmern von Franz. Wenn einmal die Türklingel ertönt, wissen wir also, dass es zumindest diese beiden Personen nicht sind. Anfangs fragten wir uns, was das soll. Nicht zu klingeln, sondern die geputzten Fenster zu verschmieren. Wir hatten so etwas in fünfzehn Jahren Stadtleben nicht erlebt. Geklopft wurde da vielleicht, wenn einer von uns beim Gang in den Keller vergessen hatte, den Schlüssel mitzunehmen. Nähe und Vertrautheit, persönliche Beziehung vielleicht sogar, das macht dieses Klopfen aus. Nicht vor einer Tür anonym warten zu wollen, bis man innen auf die Klingel – die nun wirklich immer gleich klingt, die man nur länger oder kürzer gedrückt halten kann – reagiert hat und vor dem Öffnen eventuell noch – ebenfalls noch ohne sein Gesicht zu zeigen – gefragt wird, wer da stehe – gemeint ist: störe. Dieses Klopfen am Fenster, auf das ich mittlerweile manchmal sogar warte, hat was von Natürlichkeit und einer angenehmen Einfachheit. Weil es unüberlegt und unreflektiert etwas

KLOPFT AN, DANN WIRD EUCH GEÖFFNET

Bittet, dann wird euch gegeben. Suchet, dann werdet ihr finden; klopft an, dann wird euch geöffnet. Denn wer bittet, der empfängt; wer sucht, der findet; und wer anklopft, dem wird geöffnet.

Evangelium nach Matthäus 7,7–8

einfordert, das zutiefst natürlich ist: gesehen zu werden, wenn man sich bemerkbar macht. Nicht warten zu müssen wie an einer U-Bahn-Station in der Stadt, bis man – anonym – eintreten darf. So hat das Landleben einiges von dieser natürlichen Selbstverständlichkeit bewahrt. Und erinnert daran, dass es nicht die Technik und auch nicht noch so originelle Töne sind, die Menschen im Letzten verbinden.

Thomas Hanstein

Gesegnet

Gesegnet der,
der nicht verlernt hat,
zu seinen Bedürfnissen zu stehen,
der noch anklopfen kann –
ohne dass es ihm peinlich ist,
der sich nachzufragen traut –
wie ein Kind,
und sein Verlangen ausspricht.

Gesegnete seid ihr,
wenn ihr nicht meint,
keinen anderen mehr nötig zu haben –
weil man sich alles bestellen kann.

Gesegnete sind wir,
wenn wir anklopfen –
da wir erst so
zu Empfangenden werden.

Tobias Carl Reynolds

Der wichtigste Helfer

Montag. Dieser Tag bedeutet für viele Leute, gestresst und müde in die Schule oder zur Arbeit zu gehen. Aber das ist nicht für alle so. Ein gut ausgeschlafener Mann in den Vierzigern setzte sich an diesem Morgen an seinen Arbeitstisch. Obwohl es früh war, wirkte er munter und gut gelaunt. Es war noch dunkel draußen, aber seine prächtige Öllampe tauchte die Werkstadt in orangegelbes Licht. Das Licht gab sogar dem Staub in der Luft die Möglichkeit, dem Auge zu erscheinen, ob man wollte oder nicht. Der Mann öffnete ein Fenster, da es unangenehm stickig war. Die kalte Nachtluft floss durch das Fenster herein, jetzt roch es frisch in der Stube. Ein lautes Krachen hallte plötzlich durch den Raum. Er empfing einen Blick aus einem leicht erschrockenen Gesicht. Eine Katze schaute in seine Richtung. Ein Hammer lag auf dem Boden. Seine orangefarbene Katze hatte wohl mit dem Hammer gespielt. Die Katze machte es sich wieder in einer Schlafposition bequem, schaute jedoch nochmals den Mann an. Ihr Blick verriet nicht sehr viel, außer, dass ihr alles egal schien. Und da Katzen bekannt dafür sind, kein Deutsch zu sprechen, war miteinander zu reden nicht so leicht. Der Mann kam auf die Katze zu, kraulte sie und ließ sie schnurrend einschlafen. Zwar verdiente der Mann durch seine Arbeit Geld für Essen und Unterschlupf, doch es war die Katze, die ihm dafür die Motivation gab. Die Katze machte also gut die Hälfte der Arbeit. Für den Mann war die Katze besser als ein Sohn oder eine Tochter. Er verstand sie besser als jeden Menschen, den er kannte. Der Mann hob den Hammer auf und legte ihn so sanft, wie er konnte, auf den Tisch, sodass er die Katze nicht aufweckte.

MARTINA LIEBHÄUSER-
HAGGENMÜLLER

Sende mir deine Boten

Sende mir deine Boten,
damit sie über mich wachen,
mich suchen und finden,
mir zuhören und lauschen,
ihre Schwingen ausbreiten
und mich beschützen.

REISETIPP

KLOSTER MICHAELSBERG IN BAMBERG

Die Kirche des ehemaligen Benediktinerklosters St. Michael ist die höchstgelegene der Stadt und grüßt den Besucher schon aus der Ferne. Bambergs erster Bischof Eberhard gründete das Kloster im Jahre 1015. Im 17./18. Jahrhundert bauten Leonhard und Johannes Dientzenhofer und Balthasar Neumann das Kloster barock um. Seit der Säkularisation ist in den Klostergebäuden ein Altersheim untergebracht.
Zwei frühgotische Türme überragen die Barockfassade der Kirche, eine im Kern romanische Pfeilerbasilika. Im Jahre 1608 ließen die Mönche das Gewölbe über dem Kirchenschiff mit etwa 600 Heilkräutern bemalen. Der Chorraum zeigt das ganze Jubilieren des Barock. Unter dem Chor befindet sich das Grab des heiligen Otto von Bamberg, des bedeutendsten Bamberger Bischofs (1101–1139), der als „Apostel der Pommern" besondere Verehrung genießt.
www.buergerspitalstiftung.de

Oktober

Mi	1		Thérèse von Lisieux, Werner von Wilten, Emanuel von Cremona
Do	2		Hll. Schutzengel, Petrus, Hermann u. Jakob von Neuzelle
Fr	3	Tag d. Deutschen Einheit	Irmgard von Baindt, Ewald, Utto von Metten (Udo)
Sa	4		Franziskus von Assisi, Franz Xaver Seelos, Aurea von Paris
So	5	27. So. im Jk., Erntedank	Meinolf von Böddeken, Maria Faustina Kowalska, Anna Schäffer
Mo	6		Bruno der Kartäuser, Isaak und Jakob, Renatus von Sorrent (René)
Di	7		U. L. Frau vom Rosenkranz (Rosa), Justina von Padua
Mi	8		Gunther v. Regensburg, Demetrius v. Saloniki (Dimitri), Felix v. Como
Do	9		Dionysius v. Paris, Abraham u. Sara, Johannes Leonardi, Gunther
Fr	10		Gereon von Köln, Viktor von Xanten, Sybille von Gages
Sa	11		Johannes XXIII., Bruno I. von Köln, Jakob Griesinger
So	12	28. So. im Jahreskreis	Maximilian vom Pongau, Edwin von Northumbrien, Jakob Rem
Mo	13		Eduard der Bekenner, Simpert v. Augsburg, Alexandrina Maria da Costa
Di	14		Kallistus I., Burkhard von Würzburg, Alan von Auxerre
Mi	15		Teresa v. Ávila (von Jesus), Aurelia v. Regensburg, Willa v. Salzburg
Do	16		Hedwig v. Schlesien, Margareta Maria Alacoque, Gerhard Majella
Fr	17		Ignatius von Antiochien, Anselm von Wien, Contardo Ferrini
Sa	18		Evangelist Lukas, Petrus von Alcántara
So	19	29. So. im Jahreskreis	Paul vom Kreuz, Jean de Brébeuf (Johannes), Isaak Joques
Mo	20		Wendelin, Cornelius, Vitalis von Salzburg, Jakob Kern
Di	21		Ursula von Köln, Antonia, Clementine, Celina (Céline)
Mi	22		Johannes Paul II., Kordula, Ingbert, Salome von Galiläa
Do	23		Johannes von Capestrano, Severin von Köln, Oda von Metz (Ute)
Fr	24		Antonius Maria Claret, Evergislus von Köln, Aloisius Guanelle
Sa	25		Ludwig III. v. Arnstein, Margareta v. Roskilde, Tabita (Tabea), Daria
So	26	30. So. im Jahreskreis, A: Nationalfeiertag	Amandus von Straßburg, Witta von Büraburg
Mo	27		Wolfhard von Augsburg, Vinzenz, Sabina, Oran von Meath
Di	28		Apostel Simon und Judas Thaddäus, Alfred der Große
Mi	29		Margarete von Hohenfels, Ida von Leeuw, Ermelind von Meldert
Do	30		Thöger von Thüringen (Dietger), Bernhard Schwentner, Marcellus
Fr	31	Reformationstag	Wolfgang von Regensburg, Notburga von Köln, Jutta

Geborgenheit erfahren

P. DANIEL HÖRNEMANN OSB

Geborgenheit

Zeitlebens suchen wir Menschen nach ihr, nachdem wir den ersten Ort der Geborgenheit, den Mutterleib, verlassen mussten. Wir können sie nicht machen. Was aber können wir als in diese Welt Ausgesetzte für unser Wohlbefinden tun?
Ein beeindruckendes Beispiel dafür gibt uns der evangelisch-lutherische Theologe Dietrich Bonhoeffer. Er war ein profilierter Vertreter der Bekennenden Kirche und am deutschen Widerstand gegen den Nationalsozialismus beteiligt. Nach Rede- und Schreibverbot wurde er 1943 verhaftet und zwei Jahre später auf ausdrücklichen Befehl Adolf Hitlers als einer der letzten Beteiligten beim Attentat vom 20. Juli 1944 hingerichtet. Sein letzter theologischer Text zu Weihnachten 1944 spricht ausgerechnet aus der Gestapo-Haft von Geborgenheit bis zum Ende und ist seitdem zum viel gesungenen Trostlied und verbreiteten Grabspruch geworden: „Von guten Mächten wunderbar geborgen, erwarten wir getrost, was kommen mag. Gott ist bei uns am Abend und am Morgen und ganz gewiss an jedem neuen Tag."
Welche „guten Mächte" wirkten da trotz aller widrigen Umstände noch in seinem Leben? Welche „guten Mächte" können in unserem eigenen Leben wirken? Da sind wichtige Erinnerungen an Situationen und Menschen, bei denen wir uns absolut wohlgefühlt haben. Da sind Gefühle wie „Hier bin ich Mensch, hier darf ich sein". Da sind wichtige Beziehungen im eigenen Leben, die sich durch Beständigkeit und Verlässlichkeit auszeichnen. Gerade in Krisenzeiten zeigt sich, wer wirklich Freund und Halt ist, Partner im besten Sinne des Anteilnehmens und -gebens. Da ist die eigene Zufluchtsstätte in Wohnung und Haus. Da gibt es Orte, an denen wir uns beheimatet fühlen, die emotionale Bedeutung für uns haben. Da ist die

GEBORGENHEIT

Außer im Niederländischen und in Afrikaans gibt es dieses Wort nicht, es gilt als unübersetzbar. Ähnlich wurde das urdeutsche Wort „Gemütlichkeit" unübersetzt ins Englische übernommen. „Geborgenheit" wurde 2004 zum zweitschönsten Wort der deutschen Sprache nach „Habseligkeiten" gekürt. Es steht für Behütetsein, Sicherheit, Gefahrlosigkeit, Wärme, Nähe, Ruhe, Vertrauen, Harmonie, Behaglichkeit, Frieden, Akzeptanz, Wohlbefinden und Liebe. Geborgenheit gilt als Grundvoraussetzung für kindliches Spielen. Psychologen bezeichnen sie als zentrales Lebensgefühl. Geborgenheit ist ein tief verwurzeltes Lebensfundament, das unser Erleben, unsere Persönlichkeit und deren Entwicklung beeinflusst und fördert.

Natur, bei deren Erkunden wir Unruhe hinter uns lassen, Stress abbauen und uns wohlfühlen können. Da sind täglich gepflegte Rituale als Kontrapunkte gegen die Anforderungen durch Haushalt und Beruf. Da sind freundliche zwischenmenschliche Kontakte, mögen sie auch flüchtig sein, die anderen und einem selbst den Tag heller machen. Da ist die Kraft des Glaubens, die einem Licht schenkt – allen Dunkelheiten von innen wie von außen zum Trotz.
Auch wenn es immer nur Momente sind, wenn wir uns so sicher „wie in Abrahams Schoß" (Lk 16,22) fühlen, sie schenken Geborgenheit, die überlebenswichtig ist und durch Phasen der Ungeborgenheit hindurchträgt.

DIETRICH BONHOEFFER

Von guten Mächten

Lass warm und hell die Kerzen heute flammen,
die Du in unsre Dunkelheit gebracht,
führ, wenn es sein kann, wieder uns zusammen!
Wir wissen es, Dein Licht scheint in der Nacht.

Von guten Mächten wunderbar geborgen
erwarten wir getrost, was kommen mag.
Gott ist bei uns am Abend und am Morgen,
und ganz gewiss an jedem neuen Tag.

MANFRED BECKER-HUBERTI

Vom Ursula-Schiffchen

Ausgangspunkt des Festes der hl. Märtyrerin und Jungfrau Ursula und ihrer Gefährtinnen am 21. Oktober ist die bis in die Spätantike zurückreichende Kölner Kirche Sankt Ursula. In ihr werden die Gebeine von unzähligen jungfräulichen Märtyrerinnen aufbewahrt. Auslöser des Ursula-Kultes scheint eine dreizehnzeilige steinerne Inschrift zu sein. Auf ihr wird mitgeteilt, ein dem Senatorenstand angehörender Clematius habe am Ort des Martyriums heiliger Jungfrauen eine Kirche wiederhergestellt.

St. Ursula wurde auf einem römischen Gräberfeld nördlich des römischen Kölner Stadttores erbaut. Die Ursula-Legende kam im 10. bis 12. Jahrhundert auf. Nach ihr ist Ursula eine britannische Königstochter gewesen. Nach der Rückkehr von einer Rom-Wallfahrt wurde sie mit ihren Gefährtinnen vor den Toren Kölns von Hunnen erschlagen, die die Stadt belagerten. Die Explosion der Anzahl der Gefährtinnen von ursprünglich einmal elf auf elftausend erklärt man sich mit einem Lesefehler im Mittelalter, der durch die zahlreichen „Reliquienfunde" im Umfeld von Sankt Ursula aber seine Bestätigung fand.

Im 13. bis 15. Jahrhundert entstanden die sogenannten Ursula-Schifflein, ursulanische Bruderschaften; mit dem Schiff der hl. Ursula verband sich die Idee des Lebens als irdische Pilgerfahrt und der Fracht frommer Werke. Die Mitglieder der Bruderschaft erhofften sich, unter dem Schutz der hl. Ursula sicher in den Hafen der ewigen Seligkeit anlanden zu können.

GEORG TRAKL

Verklärter Herbst

Gewaltig endet so das Jahr
mit goldnem Wein und Frucht der
Gärten.
Rund schweigen Wälder wunderbar
und sind des Einsamen Gefährten.

Tipp von Sr. Hedwig

SCHWARZER HOLUNDER

Der Schwarze Holunder wird in diesen Tagen reif. Die anfangs roten, später schwarzen, ungefähr sechs Millimeter großen Früchte sind sehr reich an Vitamin C und nach dem Abkochen oder Vergären essbar. Holundersaft und -beeren, aber auch Tees aus Rinde und Blütenständen gelten als Hausmittel gegen Erkältungen. Wirkstoffe sind die in den Früchten enthaltenen Vitamine C und B, Fruchtsäuren, ätherische Öle, Flavonoide und vor allem das farbgebende Anthocyan. Dieses Antioxidans schützt die Zellmembranen vor Veränderungen durch freie Radikale und verlangsamt so den Alterungsprozess der Pflanzenzellen wie auch der Zellen des menschlichen Körpers.
Die ätherischen Öle mit ihren Aromakomplexen wirken leicht schweißtreibend und schleimlösend. Auch bei Magenbeschwerden wird Holundertee in der Hausmedizin erfolgreich angewandt. Die Blütendolden schmecken ebenso als Hollerküchel.

1325. Geburtstag – hl. Willibald

Der Angelsachse Willibald wurde vor 1325 Jahren am 22. Oktober 700 geboren. Seine Geschwister waren der hl. Wunibald und die hl. Walburga. Nach einer klösterlichen Erziehung und einer Pilgerfahrt nach Rom und ins Heilige Land trat Willibald in das Kloster auf dem Montecassino ein. Der hl. Bonifatius, ein Verwandter Willibalds, bat ihn um Mithilfe bei der Mission in Deutschland. Er weihte ihn 740 zum Priester und ein Jahr darauf zum Bischof. Sein Arbeitsgebiet wurde das weithin heidnische und durch die Hunneneinfälle verwüstete Land um Eichstätt. Hier errichtete er, unterstützt von Herzog Odilo von Bayern und Graf Suitger von Hirschberg, ein Kloster und die Domkirche, missionierte im weiten Umkreis und sorgte sich um den wirtschaftlichen Aufbau des Landes. Der hl. Willibald starb 786 oder 787.

Vor 60 Jahren – erstmals spricht ein Papst vor der UNO

Papst Paul VI. (1963–1978) begründete eine neue Tradition der Päpste: Auslands- und Pilgerreisen. Zuvor hatten die Päpste Rom und Italien nur selten verlassen. Am Ende der Sitzungsperiode des Zweiten Vatikanischen Konzils kündigte Paul VI. zur Überraschung der Konzilsväter im Dezember 1963 eine Reise ins Heilige Land an, die nur einen Monat später stattfand. Erstmals reiste ein Papst zu den heiligen Stätten in Israel und Jordanien. Faktisch erkannte der Vatikan damit auch den Staat Israel an.
Im Jahr 1965 reiste Papst Paul VI. nach New York. Hier sprach er am 4. Oktober, vor 60 Jahren, zur UNO-Vollversammlung. Seine in französischer Sprache gehaltene Rede gipfelte in dem Aufruf: „Nie mehr Krieg! Nie mehr! Es ist der Friede, der Friede, der das Geschick der Völker und der ganzen Menschheit leiten muss!“ Papst Paul VI. forderte in seiner Rede alle Länder zur Abrüstung auf, zum Kampf gegen Armut und Hunger und zum Respekt vor dem Leben von Anfang an. Zur Erreichung dieser Ziele bot er Unterstützung durch die katholische Kirche an. Nur 14 Stunden hielt sich Paul VI. in New York auf. Trotzdem zählen diese Reise und die Rede vor den Vereinten Nationen zu seinen wichtigsten politischen Bemühungen. Paul VI. hat diese Reise als geschickter Diplomat brillant vorbereitet: Er ernannte kurz zuvor den Steyler Missionar Harold Perry zum Weihbischof von New Orleans. Damit bekam die katholische Kirche in den USA erstmals einen schwarzen Bischof – ein deutliches Zeichen im von Rassenkonflikten geprägten Amerika der 1960er-Jahre.

REZEPT

Linzer Torte

ZUTATEN

150 g Butter
250 g Zucker
150 g gemahlene Haselnüsse
300 g Mehl
1 TL Backpulver
2 EL Kakao
½ TL Zimt
1 Messerspitze Nelkenpulver
1 Bio-Zitronenabrieb
4 cl Kirschwasser
1 Ei
2–3 EL Milch

Zum Bestreichen:
5–6 EL rote Johannisbeer- oder Preiselbeermarmelade
1 Eigelb
1 Esslöffel Milch

ZUBEREITUNG

Butter mit Zucker verrühren. Nüsse, mit Backpulver gesiebtes Mehl, Kakao, Gewürze, Kirschwasser, Ei und Milch einrühren. Eine Stunde kalt stellen. Etwa 2/3 des Teigs ausrollen und eine Tortenform damit auslegen. Mit Marmelade bestreichen, restlichen Teig ausrollen und in Streifen schneiden. Streifen gitterförmig auf den Kuchen legen und mit Eigelb (mit Milch verrührt) bestreichen. Bei 175 °C ca. 60 Minuten backen.

Küchentipps

Lange haltbar

Linzer Torte ist ein Dauergebäck. Luftdicht verpackt lässt sich das Gebäck mindestens zwei Wochen lang aufbewahren. So eignet sie sich auch als Geschenk. In einer etwas kleineren Variante kann man die Linzer Torte auch gut verschicken.

Alternative Dekoration

Eine Linzer Torte muss man nicht zwangsläufig mit einem Teiggitter dekorieren. Als Alternativen eignen sich z. B. ausgestochene Sterne oder Herzen.

URSULA STENGER

Wo ist Adam?

Es war schon Tradition – seit über 20 Jahren traf sich der Jahrgang 1949/50 der Volksschule Gunzenheim jedes Jahr am 1. Mai zum Klassentreffen. Adam, der frühere Klassensprecher, hatte wie immer die Vorbereitungen getroffen. Diese Aufgabe war ihm von Anfang an zugefallen, da seine ehemaligen Schulkameraden meinten, er wäre am besten geeignet für diese Aufgabe – zum einen wohne er direkt neben der Gaststätte und zum anderen würde ihm als ehemaligen Bürgermeister das Organisatorische liegen. Nach und nach trafen die Klassenkameraden ein und langsam füllte sich der kleine Nebenraum in der Gaststätte „Zur Alten Post".

Lautstark begrüßten sich die Freunde und tauschten bei einem Begrüßungssekt Erinnerungen und Bilder aus. Inzwischen waren fast alle da:

Das Kleeblatt Ilse, Gretl und Luise, die schon während der Schulzeit unzertrennlich waren und nun in einer „Alten-WG", wie sie es nannten, lebten. Sie machten jede Senioren- oder Kaffeefahrt mit und genossen ihre alten Tage.

Heiner, der Klassenclown. Er hatte die Wirtschaftswunderjahre genutzt und eine Firma mit über 100 Angestellten gegründet. Was ihm zur Schulzeit sicherlich niemand zugetraut hätte. Am wenigsten seine Lehrer.

Magda und Lisbeth, die ihre Männer mitgebracht hatten und selten mit den anderen ins Gespräch kamen.

Hilde, die alte Jungfer. Sie war schon früher schwierig und zickig gewesen, kein Wunder, dass sie keinen abgekommen hat, meinten die anderen insgeheim.

Hans-Joachim, der Klassenprimus. Allerdings war es ihm nie gelungen, seine Buchweisheiten im richtigen Leben umzusetzen. Er war immer schrulliger geworden und hatte nie eine Familie gegründet.

Karl, der den elterlichen Bauernhof hatte übernehmen müssen und den es ärgerte, dass er es zu keinem männlichen Nachfolger gebracht hatte, sondern nur drei „nutzlose Töchter" in die Welt gesetzt hatte.

Willi, Walter und Günther, die drei Eisenbahner, die jede Freifahrkarte ausnutzten und mit ihren Frauen ständig unterwegs waren.

Ja sogar Betty, die vor über 50 Jahren nach Australien Ausgewanderte, war dem Ruf der Klasse gefolgt. Sie wusste, dass ihre Lebenszeit nicht unbegrenzt war und sie wollte noch ein letztes Mal ihre Familie in Deutschland besuchen.

Aber nicht alle waren mit ihren 75 Jahren noch gesund und unternehmenslustig. Phillip, der im Rollstuhl saß und inzwischen im Altersheim wohnte, wurde von seiner Tochter gebracht. Irmgard war fast blind, konnte ohne die Hilfe ihres Mannes nicht außer Haus. Elfriede schaute trotz der fröhlichen Stimmung missmutig vor sich hin. Sie pflegte ihre Depressionen und haderte mit ihrem Schicksal, dass ihr schon so früh den Mann genommen hatte.

Otto, der ehemalige Buchhalter und Adams Freund, schaute auf die Uhr. Es war inzwischen schon 11.30 Uhr und er fragte sich: „Wo bleibt Adam nur? Er ist doch sonst immer der Erste?“ Bei den letzten Treffen war Adam immer der Erste gewesen, hatte alle mit Handschlag begrüßt und eine kleine Anekdote zur Begrüßung zum Besten gegeben. Nun wunderten sich auch die anderen: „Wo ist Adam?"

„Bevor das Mittagsessen serviert wird, gehe ich schnell mal zu ihm rüber?“, sagte Otto. „Vielleicht hat er sich hingelegt und ist eingeschlafen.“

„Wenn da nur nichts passiert ist“, meinte Elfriede.

„Seit seine Frau vor fünf Jahren starb, ist er nicht mehr der Alte“, meldete sich nun auch Magda zu Wort.

„Bah, Weiber. Ihr rechnet immer nur mit dem Schlimmsten.“ Otto verzog sich, bevor er noch mehr von dem dummen Geschwätz mitbekommen konnte. Nach ein paar Minuten kam er wieder zurück. „Also ich habe geläutet und an die Tür gehämmert wie ein Wilder. Es tut sich nichts.“

Alle machten sich Sorgen. Hilde hatte eine Idee. „Geh doch mal zu seiner Nachbarin, der Frau Schnellig, die hat einen Schlüssel. Wir müssen im Haus nachsehen. Vielleicht liegt er irgendwo und hat sich verletzt?“

Gesagt, getan. Eine kleine Abordnung, bestehend aus Otto, Willi, Günther und Walter, machte sich auf den Weg. Als die vier ihr Anliegen verkündeten, war die Nachbarin auch besorgt: „Ich habe ihn schon die ganze Woche nicht zu Gesicht bekommen? Ich gehe mit Ihnen.“

Die Prozession machte sich nun auf den Weg zu Adams Haus. Jeden Raum vom Keller bis zum Dachboden durchsuchten Sie. Auch im Schuppen, im Garten und in der Garage war nichts von Adam zu entdecken. „Wo zum Teufel ist Adam?“, schimpfte Otto. „Das geht nicht mit rechten Dingen zu.“

Aber er hatte seine Pflicht erledigt, mehr konnte er nicht tun. Morgen würde er Adams Tochter anrufen.

Die Stimmung auf dem Klassentreffen war bedrückt und jeder dachte: „Wo ist Adam?“ Die Bedienung fragte inzwischen schon zum dritten Mal, ob sie endlich das Mittagessen bringen könnte, und Otto sah keinen Grund, noch länger zu warten.

Gerade als die Suppe serviert wurde, öffnete sich vorsichtig die Tür und herein kam Adam mit einer unbekannten Frau am Arm.

Seine ehemaligen Schulkameraden bestürmten ihn und meinten vorwurfsvoll, dass sie sich große Sorgen um ihn gemacht hätten. Gleichzeitig musterten sie verstohlen die Unbekannte.

Adam, unbeschwert und sorgenfrei wie einst, lachte nur und meinte: „Darf ich euch meine Frau vorstellen. Wir haben letzte Woche heimlich geheiratet und kommen gerade von der Flitterwoche zurück. Leider haben wir uns etwas verspätet, da wir bei meiner Tochter vorbeigeschaut und gebeichtet haben."

Otto wollte es jetzt aber genau wissen: „Ja Adam, wir haben euch nie miteinander gesehen. Wie habt ihr euch denn kennengelernt?"

„Kennengelernt haben wir uns schon vor vielen Jahren. Eva war meine erste Liebe, aber irgendwie haben wir uns aus den Augen verloren und dann vor einem Jahr im Seniorencomputerclub wiedergetroffen. Und wie ihr sehen könnt, hat es wieder gefunkt zwischen Adam und Eva."

PAPST PAUL VI.

Mach uns würdig

Mach uns würdig, Herr,
unseren Mitmenschen
in der ganzen Welt zu dienen,
die in Armut und Hunger
leben und sterben.
Gib ihnen durch unsere Hände
heute ihr tägliches Brot,
durch unsere verstehende Liebe
Frieden und Freude.
Amen.

REISETIPP

DOM ST. WILLIBALD ZU EICHSTÄTT

Ein vom angelsächsischen Mönch Willibald 741 in Eichstätt im nördlichen Oberbayern gegründetes Benediktinerkloster wurde zum Bischofssitz, der bis heute existiert. Der heutige Dom geht auf das 11. Jahrhundert zurück. Generationen von Baumeistern, Handwerkern und Künstlern haben am Dom gearbeitet, sodass verschiedene Baustile auftreten: Romanik in der Sakramentskapelle und an den Türmen, Gotik in Chor, Langhaus und Querhaus sowie Spätbarock an der Fassade. Am deutlichsten treten die gotischen Elemente hervor. Besonders eindrucksvoll ist das Tympanon des Hauptportals mit einer Darstellung der Himmelfahrt Mariens. In einer Urne im Westchor ruhen die Gebeine des hl. Willibald. Sein von Loy Hering 1514 geschaffenes Denkmal gilt als Meisterwerk der Renaissance.
www.eichstaetter-dom.de

November

Sa	1	Allerheiligen	Harald IV., Arthur O'Nelly, Luitpold von Lautbrunn
So	2	Allerseelen	Angela von Stolberg, Justus von Triest, Margareta von Lothringen
Mo	3		Hubert von Lüttich, Rupert Mayer, Silvia, Martin von Porres
Di	4		Karl Borromäus, Gregor von Burtscheid, Reinhard von Siegburg
Mi	5		Bernhard Lichtenberg, Emmerich v. Ungarn (Heinrich), Berthild v. Celles
Do	6		Leonhard von Noblat, Rudolf von Büren, Christine von Stommeln
Fr	7		Ernst von Neresheim, Engelbert I. von Köln, Karina von Angora
Sa	8		Gregor v. Einsiedeln, Gottfried v. Amiens, Johannes Duns Skotus
So	9	Weihe d. Lateranbasilika	Roland von Hasnon, Theodor von Euchaïta, Elisabeth von Dijon
Mo	10		Leo I. der Große, Justus von Rochester, Johannes Skotus
Di	11	Martinstag	Martin von Tours, Menas, Heinrich von Heisterbach
Mi	12		Josaphat Kunzewitsch, Renatus v. Angers (René), Ämilian v. Cogolla
Do	13		Stanislaus Kostka, Carl Lampert, Wilhelm von Niederaltaich
Fr	14		Alberich von Utrecht, Bernhard Letterhaus, Maria Merkert
Sa	15		Albert d. Große, Marinus, Leopold III. d. Fromme, Magdalena Morano
So	16	33. So. im Jahreskreis, Volkstrauertag	Margareta v. Schottland, Otmar v. St. Gallen, Walter v. Dornberg
Mo	17		Gertrud von Helfta, Hilda von Whitby, Viktoria von Córdoba
Di	18		Odo v. Cluny (Otto), Philippine Rose Duchesne, Romanus v. Cäsarea
Mi	19	Buß- und Bettag	Elisabeth v. Thüringen, Mechthild v. Hackeborn, David v. Augsburg
Do	20		Bernward v. Hildesheim, Edmund v. Ostanglien, Korbinian v. Freising
Fr	21		U. L. Frau in Jerusalem, Johannes von Meißen, Rufus von Rom
Sa	22		Cäcilia, Salvator Lilli, Aleydis (Adelheid, Elke), Philemon v. Kolossä
So	23	Christkönigssonntag	Klemens I., Felicitas, Kolumban der Jüngere, Detlev von Parkentin
Mo	24		Albert I. von Lüttich, Andreas Dung-Lac, Flora, Augustin Schoeffler
Di	25		Katharina v. Alexandrien, Niels Stensen, Egbert, Elisabeth v. Reute
Mi	26		Konrad u. Gebhard II. v. Konstanz, Ida v. Köln, Adalbert v. Oberalteich
Do	27		Oda v. Brabant (Ute), Bilhild v. Altmünster, Modestus v. Kärnten
Fr	28		Berta von Bingen, Gunther von Melk, Rufus
Sa	29		Friedrich v. Regensburg, Jutta v. Heiligenthal, Jolanda v. Aywières
So	30	1. Adventssonntag	Apostel Andreas, Benjamin, Gerwald und Folkart (Volker)

Veränderungen wagen

HERMANN-JOSEF ZOCHE

Bleiben Sie nicht, wie Sie sind – Da ist noch Luft nach oben …

Schon wiederholt habe ich von Menschen, die mir ein gutes Wort sagen wollten, den Satz gehört: „Herr Pater, bleiben Sie, wie Sie sind."
Ich weiß, dass das nett gemeint ist, aber so ganz wohl fühle ich mich nie, wenn ich so etwas höre. Offen gestanden möchte ich nicht so bleiben, wie ich bin. Ich möchte mich ändern. Ich möchte besser werden, möchte innerlich reifen, so werden, dass ich bestimmte Charakterschwächen überwinde und so weiter.
Ich habe aber auch schon das Gegenteil dieses wohlmeinenden Satzes gehört, nämlich dass ich mich nicht mehr ändern werde. Meist kommen solche resignativen Vorwürfe in Streitsituationen oder später im Gespräch über einen erlebten Konflikt. Auch das macht mich ratlos.
Einmal wird die Tatsache, so zu bleiben, wie ich bin, positiv gewertet, ein anderes Mal negativ.
Man kratzt sich ratlos am Kopf und fragt sich: Ja wie denn nun? Ändern oder nicht? Was soll man ändern und was soll bleiben?
Ich stelle immer wieder fest (und ich nehme mich da nicht aus): Viele Menschen wären gern ein anderer, aber wenige Menschen sind fähig, sich zu ändern.
Man muss kein Theologe sein, um zu wissen, dass Veränderungen Potenzial für beides in sich tragen: Sie können einen Menschen entweder in ungeahnte Ängste treiben oder sie können ihn zum Neuaufbruch anspornen.
Die Angst vor Veränderungen ist zunächst einmal natürlich. Aber zugleich sollte

GUTER GOTT

Guter Gott, du hast mir Talente geschenkt,
die mich das Leben entdecken lassen.
Schenke mir die Gelegenheit,
auch die Gaben an mir zu finden,
die ich bislang nicht aktiv gelebt habe.

Brigitte Goßmann

man wissen, dass die Angst vor Veränderungen immer Zukunftsangst ist. Sie bezieht sich auf etwas, das noch kommen wird. Deshalb ist die Angst vor Veränderungen immer sehr vage. Sie bleibt unbestimmt und undefinierbar. Der Mensch weiß nicht, was ihn in Zukunft glücklich oder unglücklich machen wird.

Ich gebe Ihnen dazu gern einen Tipp. Er basiert auf der schlichten Erkenntnis, dass ich mir in meinem Leben die meisten Ängste hätten sparen können, weil sie sich auf Zukünftiges bezogen, das in der Form, wie ich es befürchtet hatte, gar nicht eingetreten ist.

Wenn jemand Angst vor Veränderungen hat, dann muss er seine Angst verändern! Zukunftsangst ist in den allermeisten Fällen unbegründet.

Die Veränderungen, auf die es im Letzten ankommt, müssen niemanden ängstigen. Es geht um Verbesserungen des eigenen Charakters und Ichs.

Es geht darum, empfindsamer zu werden, empathischer, verstehender – kurz: liebevoller. Die Liebe aber ist nach oben offen. Das heißt: Man kann immer noch mehr lieben und – das vor allem –, man kommt in der Liebe nie an einen Punkt, an dem man sich selbstzufrieden zurücklehnen und sich sagen könnte: Jetzt liebe ich genug. Nun bin ich an einem Punkt angekommen, an dem ich in der Liebe nicht mehr wachsen kann.

Der Ansporn zu Veränderungen hat letztlich immer seinen Ursprung in den Anforderungen der Liebe.

MANFRED BECKER-HUBERTI

Allerseelen – Fest aller Toten

Jährliche Gedenktage für alle Verstorbenen (ein Sammelfest) bestehen in der Westkirche seit dem frühen Mittelalter. Als der Zusammenhang zwischen Totengedenken und Auferstehung verblasste, wanderte der Gedenktag auf den Novemberanfang. Die Reformbenediktiner von Cluny beförderten diese Entwicklung und betrieben die Verlegung von Allerseelen auf den 2. November, den Tag nach Allerheiligen. Der erst bei den Dominikanern, dann bei den Priestern im spanischen Einflussbereich verbreitete Brauch, an diesem Tag dreimal Eucharistie zu feiern, fand immer mehr Anhänger, sodass Benedikt XV. im Jahr 1915 gestattete, es weltweit zu tun.

Der Allerseelentag ist bei der älteren katholischen Bevölkerung noch tief im Bewusstsein verankert. Der nachlassende Glaube an die Auferstehung, die hohen Beisetzungskosten und oft nicht zu klärende oder zu bezahlende Grabpflegekosten führen zu neuen Bestattungsformen, die dem Toten keinen eigenen, lokalisierbaren Ort mehr zugestehen. Allerseelen ist zutiefst mit der Vorstellung verbunden, dass man für die verwandten Toten und alle anderen beten und ihr Andenken pflegen muss. Am Vortag sind die Gräber spätestens gepflegt und geschmückt worden. Ein ewiges Licht wurde angezündet. Am Gedenktag selber trifft sich die ganze Familie am Grab, ehrt so die Verstorbenen und betet für sie. In vielen Kirchengemeinden führt eine Prozession auf den Friedhof, die da, wo Allerseelen kein staatlicher Feiertag ist, auf Allerheiligen durchgeführt wird.

Tipp von Sr. Hedwig

SCHLEHE

Erst wenn mehrmals Fröste die Früchte der Schlehe haben durchfrieren lassen und die Haut beginnt, schrumpelig zu werden, sollte mit der Ernte begonnen werden. Denn dann beginnt der Abbau der Gerbsäure in der Frucht und die Saftausbeute wird ergiebig.
Wer in die Frucht hineinbeißt, wird merken, wie adstringierend der Saft wirkt. So hässlich wie das Wort ist auch das Empfinden! Aber nach Frosteinwirkung und einer gewissen Lagerdauer gibt die Frucht ein wunderbares Aroma frei. Früh gepflückte Früchte kann man im Gefrierfach entsprechend nachbehandeln.
Schlehenblütentee ist bei Erkältungskrankheiten zu empfehlen. Schlehenblütenöl (in Naturkostläden und Reformhäusern erhältlich) ist ein angenehm wärmendes Körperöl. Schlehen lassen sich gut zu Gelee, Wein, Saft und Likör verarbeiten. Wem dies zu viel Arbeit ist, der lasse sich einen guten Schlehengeist schenken!

THEODOR STORM

Und sind die Blumen abgeblüht

Und sind die Blumen abgeblüht,
so brecht der Äpfel goldne Bälle;
hin ist die Zeit der Schwärmerei,
so schätzt nun endlich das Reelle!

KALENDERBLATT

80. Todestag Rupert Mayer

Der Jesuit Rupert Mayer (1876–1945) wirkte als Männerseelsorger in München. Früh erkannte er die Gefahren, die vom Nationalsozialismus ausgingen. Nach 1933 verteidigte er in seinen Predigten das Christentum und bezog deutlich Stellung gegen die Nazis. Als er sich weigerte, das Beichtgeheimnis zu brechen, verurteilte man Mayer zur Isolationshaft im KZ Sachsenhausen. Da sich sein Gesundheitszustand verschlechterte, wies man ihn ins Kloster Ettal ein, um aus dem prominenten Pater keinen Märtyrer zu machen. Rupert Mayer starb während einer Messfeier vor 80 Jahren, am 1. November 1945, in München.

60. Jahrestag Vergebungsbitte der polnischen Bischöfe

Vor 60 Jahren, im November 1965, erreichte die deutschen Bischöfe eine Einladung ihrer polnischen Amtsbrüder zum Millennium der Taufe Polens. Das Schreiben stellt die gemeinsame Geschichte dar und gipfelt in dem Satz: „Wir vergeben und bitten um Vergebung." Zwanzig Jahre nach dem Ende des Zweiten Weltkrieges, der unermessliches Leid über Polen und die Vertreibung der ostdeutschen Bevölkerung brachte, glich dieser Satz einer Sensation. Der von Bischof Kominek verfasste Text fand sofort die Unterstützung des Krakauer Erzbischofs Karol Wojtyła, des späteren Papstes Johannes Paul II., und war ein erster Schritt auf dem Weg zur deutsch-polnischen Versöhnung.

50. Jahrestag Beendigung der Würzburger Synode

Von 1971 bis 1975 tagte in Würzburg die „Gemeinsame Synode der Bistümer in der Bundesrepublik Deutschland". Die Deutsche Bischofskonferenz berief die Synode im Jahr 1969 ein, um die Beschlüsse des Zweiten Vatikanischen Konzils umzusetzen. Die Synodalen debattierten über Jugendarbeit, Religionsunterricht und Empfängnisverhütung. Nicht nur Bischöfe, auch einfache Geistliche und Laien durften stimmberechtigt an der Synode teilnehmen. Jede Stimme hatte das gleiche Gewicht. So entstand ein neuer Stil des Miteinander-Redens und Miteinander-Entscheidens. Kardinal Döpfner zog das Fazit: „Wir haben gelernt, miteinander zu streiten, ohne uns zu zerstreiten." Die Gemeinsame Synode endete mit einem feierlichen Gottesdienst vor 50 Jahren am 23. November 1975.

REZEPT

Thymiantarte mit Kräuterblüten

ZUTATEN für 4 Personen

Teig:
200 g Mehl
125 g Butter
1 Eigelb
4 EL Eiswasser
Salz
Füllung:
2 Eier + 2 Eigelb
200 ml saure Sahne
150 ml Sahne
125 g gekochter Schinken
je 1 EL Petersilie, Thymian, Schnittlauch,
Salz, Pfeffer
Garnitur:
Salbei-, Thymian-, Schnittlauchblüten

ZUBEREITUNG

Kalte Teigzutaten schnell zu einem Mürbeteig verkneten und in Frischhaltefolie 30 min im Kühlschrank ruhen lassen. Teig ausrollen und in eine gefettete Tarteform geben (Ø 23 cm). Den Boden mehrmals mit einer Gabel einstechen und bei 200 °C 15 min vorbacken. Für die Füllung alle Zutaten (außer Schinken und Kräuter) verrühren. Schinkenwürfel und gehackte Kräuter zugeben, mit Salz und Pfeffer würzen. Auf den vorgebackenen Boden geben, 20–25 min backen und anschließend mit den ausgezupften Kräuterblüten garnieren.

Küchentipps

Thymian

Thymian sollte immer mitgekocht werden, da das Gewürz in ungekochtem Zustand nicht schmeckt. Getrockneter Thymian würzt intensiver als frischer Thymian – das sollte man bei der Dosierung des Gewürzes beachten.

Schnittlauch

Schnittlauch sollte immer frisch verwendet werden. Deshalb gibt man ihn möglichst erst nach dem Kochen zu. Mit der Küchenschere oder einem Messer lässt sich Schnittlauch gut in Röllchen schneiden. Er schmeckt in Suppen, Salaten und Soßen. Auch Lachs kann man gut mit Schnittlauch kombinieren.

MARION KÜSTENMACHER

Von der Freigebigkeit

Trotz all der Planeten, die um sie kreisen und von ihr abhängen, kann die Sonne eine Weintraube reifen lassen, als ob sie im ganzen Universum nichts anderes zu tun hätte.
Galileo Galilei

Wenn man sich die gigantischen Dimensionen des Universums vorstellt, ist es wie ein Wunder: Unsere Sonne ist ein 4,57 Milliarden alter Stern mit einem Durchmesser von 1,4 Millionen Kilometern. Und dieser Stern kann seine Lichtenergie auf grandiose Weise verschwenden und in rund 150 Millionen Kilometer Entfernung alles Leben auf der Erde ermöglichen. Gleichzeitig ist das Sonnenlicht so treffsicher, dass seine Strahlen auch eine winzige Weintraube erreichen und sie als süße Frucht reifen lassen. Das Universum hat sich mithilfe der freigebigen Sonne in einer einzigartigen Weinbeere verwirklicht.
Der gleiche kosmische Aufwand wurde und wird auch für uns betrieben. Die ganze Unermesslichkeit der Schöpfungsgeschichte hat es geschafft, uns hervorzubringen. Die Entstehung unseres Sonnensystems, die gesamte Evolution, die vielen Generationen unserer Vorfahren, all das lief darauf hinaus, dass es diese unglaubliche menschliche Vielfalt geben konnte. Zugleich gelang es dem großzügigen Kosmos, dafür zu sorgen, dass wir alle einzigartig sind. Die Kreativität des Universums hat durch uns unendliche Möglichkeiten zur Bewusstwerdung für Güte und Dankbarkeit hervorgebracht. Diese Freigebigkeit ist unser bestes Erbe. Wenn wir uns ins Licht gebündelter Großzügigkeit stellen, reift als Frucht der kosmischen Fülle das Glück im Hier und Jetzt heran.

VON DER FREUDE EINFACHER DINGE

Was das Leben wirklich ausmacht, sind die kleinen, unscheinbaren Dinge: ein mit Liebe gebackener Kuchen, ein schön arrangierter Blumenstrauß oder ein voller Lebensfreude geschwenkter Hut. Mit dem Herzen betrachtet, liegt in ihnen eine tiefere Botschaft versteckt. Die kleinen Dinge des Lebens können uns Weisheiten lehren.

Ein Wunder ist etwas, das uns die Augen öffnet für das Unglaubliche mitten im scheinbar Gewöhnlichen.

Marion Küstenmacher

MARION KÜSTENMACHER

Von der Freundschaft

Jede kleine Fichtennadel dehnte sich und schwoll vor Sympathie und war mein Freund. Ich empfand deutlich die Gegenwart von etwas mir Verwandtem.
Henry David Thoreau

Die Freundschaft mit der Natur bindet uns in ein Gewebe aus unsichtbaren Beziehungen ein. Leben kann man nicht allein, es ist immer ein Leben mit und zwischen anderen. Die ganz große Sinfonie des Lebens. Ganz gleich, wo wir uns auf dieser Erde befinden. Wer sich in die Gesellschaft von Bäumen, Blumen, Steinen, Wolken, Sternen, Flüssen oder Tieren begeben will, braucht Zeit und Geduld. Dazu einen behutsamen Schritt, achtsame Bewegungen, einen wachen Geist. Zur Belohnung öffnen sich die Sinne für Farben, Strukturen, Schattierungen, Düfte, Spuren und Klänge. So entsteht eine Nähe zu unseren natürlichen Verwandten, die unsere Seele in feinste Resonanz bringt. Mit der Wunderwelt, die wir mit allen Wesen und Organismen auf diesem blauen Planeten teilen. Mit der Sympathie, die uns entgegenkommt und alles miteinander verbindet.
Henry David Thoreau konnte diese Sympathie sogar in kleinen Fichtennadeln spüren, weil er zwei Jahre in einer winzigen Hütte mitten im Wald lebte und in ständigem Dialog mit der Natur war. Wörtlich bedeutet Sympathie Zuneigung und Mitgefühl, es kommt vom griechischen Wort „sympathein", mitleiden. Die Freundschaft mit der Natur hilft uns, ihre Leiden zu verstehen, die wir ihr zugefügt haben. Sie spornt uns an, diese zu lindern. Und sie spürt das geheimnisvolle Wohlwollen unserer tierischen und pflanzlichen Freunde und Mitgeschöpfe. Die uns mit ihrer leisen Präsenz sagen: „Sei mein Freund! Ich kann dich so gut leiden!"

ERZÄHLUNG

ADALBERT LUDWIG BALLING

Humorvolle Brüder

Dass Humor auch als christliche Tugend zu verstehen sei, bewiesen die Brüder einer Ordensgemeinschaft in einer westdeutschen Stadt. Sie erhielten einen Brief etwa folgenden Inhalts: „Aus Dankbarkeit und Freude darüber, dass mein schwer kranker Hund wieder gesund geworden ist, möchte ich den Brüdern des heiligen Franziskus, der auch die Tiere in seine Güte mit einschloss, eine kleine Spende übergeben ..."
Die humorvollen Brüder antworteten dem Briefschreiber, übrigens Professor von Beruf: „Wir danken für Ihre freundliche Spende. Der Dankbarkeit gegen Gott ist ja keine Grenze gesetzt, wie der heilige Paulus im Epheserbrief feststellt: Danket allzeit Gott, dem Vater, für alles, im Namen unseres Herrn Jesus Christus! – Wir wünschen Ihnen weiterhin viel Freude an Ihrem Hund!"
Ich meine, wenn wir Christen mehr Humor hätten, wenn wir humorvoller miteinander umgingen – unser Leben wäre menschlicher, froher, lebenswerter.
Und: Nietzsche und Gleichgesinnte hätten keinen Grund mehr zu klagen: Frohere Lieder müssten sie singen, um an ihren Gott glauben zu können!

Judith Wenk

Christus König

Christus König
vom Vater gesandt
im kalten Stall geboren
von Menschen verachtet
am Kreuz gestorben

Christus König
Heil der Welt
Trost der Betrübten
Hoffnung der Hoffnungslosen
Licht in der Finsternis

Christus König
heile mich
stütze mich
segne mich

REISETIPP

KLOSTER ETTAL

Von Oberau führt die Straße in steilen und engen Serpentinen den Ettaler Berg hinauf. Auf etwa 900 Meter Höhe lichten sich die Bäume und geben den Blick frei auf die Kuppel der Ettaler Klosterkirche. Bewaldete Bergkuppeln liefern die Kulisse für die Benediktinerabtei. Mit Brauerei, Likördestillerie, Verlag, Hotel und Internat ist das Kloster auch ein florierendes Wirtschaftsunternehmen. Kaiser Ludwig der Bayer gründete 1330 das Kloster. Bereits bei der Kirchweihe im Jahr 1370 galt der aus Pisa stammenden „Ettaler Madonna" besondere Verehrung. Nach einem Brand erfolgte der Wiederaufbau des Klosters im Stil des Hochbarock bis 1762. Durch elf große Fenster strömt das Licht ins Innere des zwölfeckigen Kuppelbaus. Das auch „Himmel der Benediktiner" genannte Deckenfresko zeigt mehr als 400 Mönche vereint mit dem Gründer des Ordens in der Himmelsglorie.
www.kloster-ettal.de

Dezember

Mo	1		Charles de Foucauld, Natalie v. Nikomedien, Blanca (Bianca) v. Kastilien
Di	2		Luzius von Chur, Bibiana von Rom, Jan (Johannes) von Ruysbroek
Mi	3		Franz Xaver, Emma von Lesum, Gerlind von Elsass
Do	4		Barbara, Adolph Kolping, Johannes von Damaskus
Fr	5		Anno II. von Köln, Hartwig von Salzburg, Reginhard von Lüttich
Sa	6	Nikolaus	Nikolaus von Myra, Henrika Faßbender, Dionysia von Tunis, Zefanja
So	7	2. Adventssonntag	Ambrosius von Mailand, Gerald von Ostia, Sabinus von Spoleto
Mo	8	Mariä Unbfl. Empfängnis	Elfriede, Edith und Sabina, Konstantin von Orval
Di	9		Juan Diego Cuauhtlatoatzin, Liborius Wagner, Valeria von Limoges
Mi	10		Angelina v. Krusedol, Bruno v. Rommersdorf, Pierre Fourier (Petrus)
Do	11		Damasus I., Arthur Bell, David von Himmerod, Tassilo III.
Fr	12		Dietrich von Kremsmünster, Ida von Nivelles, Hartmann von Brixen
Sa	13		Luzia, Odilia (Ottilie), Jodok (Jobst, Jost), Benno Koglbauer
So	14	3. Adventssonntag	Johannes vom Kreuz, Franziska Schervier, Berthold von Regensburg
Mo	15		Christiane v. Georgien (Nina), Carlo Steeb, Virginia, Wunibald
Di	16		Adelheid (Elke), Dietrich von Rommersdorf, Noach (Noah)
Mi	17		Jolanda v. Marienthal, Wiwina v. Brüssel (Viviana), Sturmius v. Fulda
Do	18		Philipp v. Ratzeburg, Desiderius v. Fontenelle, Wunibald v. Heidenheim
Fr	19		Susanna, Benjamin, Konrad von Lichtenau, Petrus von Arolsen
Sa	20		Hoger v. Hamburg-Bremen (Holger), Regina Hueter, Dominikus v. Silos
So	21	4. Adventssonntag, Winteranfang	Micha, Hagar, Richard von Adwerth
Mo	22		Jutta von Sponheim, Marian der Schotte, Franziska Xaviera Cabrini
Di	23		Johannes v. Krakau, Viktoria v. Rom, Dagobert II., Ivo v. Chartres
Mi	24	Heiliger Abend	Adam und Eva, Adelbert, Hanno von Worms
Do	25	Geburt d. Herrn, Weihnachten	Anastasia die Ältere, Eugenia von Rom
Fr	26	2. Weihnachtstag, A: Stefanitag	Erzmärtyrer Stephanus, Richlind von Ormsheim
Sa	27		Apostel u. Evang. Johannes, Fabiola v. Rom, Rudger v. Verdun (Rüdiger)
So	28	Fest d. Hl. Familie	Hermann und Otto von Niederaltaich, Julius von Rom
Mo	29		Thomas Becket, Tamar(a), David, Isai (Jesse), Lothar I.
Di	30		Richard von Arnsberg, Felix I., Germar von Fly
Mi	31	Silvester	Silvester I., Melanie d. J., Apollonia Radermecher

Unterwegs zum Licht

MICHAEL DOTZAUER

Freiheit und Liebe

Im Museo del Prado in Madrid befindet sich ein berühmtes Gemälde des Künstlers Fra Angelico aus dem 15. Jahrhundert. Ich hatte einmal das Glück, selber dieses Bild anschauen zu können. Es zeigt genau die Szene aus dem Evangelium, wie der Engel Gabriel Maria die Botschaft bringt.
Bemerkenswert ist hier die Haltung des Engels. Er verneigt sich nämlich vor Maria. Nötig hätte er das wahrscheinlich nicht, denn er hat als Erzengel einen hohen Rang im Himmel. Sein prachtvolles Gewand mit den perfekten Bügelfalten deutet auch darauf hin. Aber seine Haltung ist geprägt von großem Respekt, von Zurückhaltung.
Maria braucht vor ihm keine Angst zu haben. Der Engel verneigt sich vor Maria in seiner Haltung wie auch in seinen Worten: „Sei gegrüßt, du Begnadete, der Herr ist mit dir."
Das ist eine vornehme, eine ehrende Anrede, und nur darüber erschrickt Maria. Vielleicht wurde sie noch nie zuvor in ihrem Leben so vornehm angeredet. Maria ist ein einfaches junges Mädchen.
Sie hält sich nicht für etwas Besonderes. Nun aber wird ihr vom Engel gesagt, dass sie etwas ganz Besonderes ist und dass Gott etwas Großes mit ihr vorhat. In dieser vornehmen Begegnung des Engels mit Maria wird auch für uns selbst manches über das Verhältnis Gottes zu uns deutlich. Gott hat einen großen Respekt vor uns Menschen und vor unserer Freiheit. Man kann vielleicht sogar sagen: Gott verneigt sich vor unserer Freiheit. Er drängt sich uns nicht auf. Er will nicht, dass wir ihm aus Zwang gehorchen, sondern in Freiheit und Liebe.

GOTTES GEBURT IM MENSCHEN

Gott wird dann in uns geboren, wenn alle Kräfte unserer Seele, die vorher durch Gedanken, Bilder und was es auch sei, gebunden und gefangen waren, ledig und frei werden und in uns alle Absicht zum Schweigen kommt.

Meister Eckhart

Es ist wie in der Beziehung unter Menschen. Liebe kann man nicht erzwingen. Man kann sich nur selbst liebenswürdig zeigen und so die Liebe im anderen wecken.
Durch den Engel lernt Maria sich selbst kennen. Das ist für uns genauso. Wir erkennen uns selbst, unsere eigene Würde, unsere Berufung, unseren Platz in der Welt nicht, indem wir in den Spiegel schauen oder über unser Leben nachgrübeln, sondern indem wir uns von Gott ansprechen lassen und uns von ihm unsere eigene Würde und Berufung offenbaren lassen.
Das Bewusstsein der menschlichen Würde kommt aus dem Bewusstsein, von Gott angesprochen und geliebt zu sein. Und wenn in einer Gesellschaft der Bezug zu Gott verloren geht, dann ist es sehr schnell auch um die Würde des Menschen geschehen.
Gott respektiert uns. Er macht uns groß, selbst wenn er selbst sich dafür klein machen muss. Das ist der Stil Gottes. Und wenn bei uns dreimal am Tag die Glocken zum Angelus-Gebet läuten, dann erinnert uns das immer auch daran, dass dieser Stil Gottes, diese Ehrfurcht, die den anderen Menschen groß und frei macht, auch unser Verhalten prägen soll.

BURKHARD BUDDE

Verkehrte Welt? – Zum Nikolaustag

Am Nikolaustag, am 6. Dezember, kann die Welt aus den Fugen geraten. Nikolaus provoziert eine „verkehrte Welt". Er fragt, ohne gefragt zu sein, ob Menschen brav und fromm, barmherzig und gerecht, verantwortungsbewusst und vernünftig gewesen sind. Oder ob sie weiter zugeknöpft bleiben wollen, selbstgenügsam, selbstgerecht, selbstsüchtig und selbsterhöht.

Der alte Nikolaus mit seinem faltigen Gesicht und seiner tiefen Stimme, seinem Vollbart und seinem roten Mantel, seinem Sack und der Rute ließ Kinder erschaudern und zittern. Und Erwachsene ängstlich schmunzeln.

Der neue Nikolaus ist anders. Er ist ein Sympathie- und Symbolträger allgemeiner Menschlichkeit und konkreter Nächstenliebe im Vertrauen auf Gottes überraschendes Wirken in allen Ungewissheiten. Er verkörpert Weisheit und Vernunft, persönliche Verantwortung im Rahmen des Möglichen und Nötigen. Er will anderen Menschen Freude bereiten und lädt sie zu einem menschlichen Blick- und Kurswechsel ein.

Wahrscheinlich ist der historische Nikolaus um das Jahr 270 in der Hafenstadt Myra in Kleinasien geboren worden. Er wurde Priester und Abt eines Klosters, pilgerte ins Heilige Land und wurde nach seiner Rückkehr Bischof. Während der Christenverfolgung des Kaisers Galerius um 310 wurde er gefoltert, blieb aber seinem Glauben treu. Nikolaus starb an einem 6. Dezember um das Jahr 342.

Seine Botschaft hat bleibende Bedeutung: Die „verkehrte Welt" kann durch die Haltung des Glaubens und der Liebe, der Vernunft und Verantwortung gerade gerichtet werden. Man muss wohl dem Nikolaus nur im eigenen Herzen und in der eigenen Welt begegnen.

Tipp von Sr. Hedwig

BOHNENSCHALENTEE

Die Hülsen der Stangenbohne enthalten als wirksame Bestandteile viel Kieselsäure. Bohnenschalen sollten vor der Verwendung erst gewässert und dann bei rund 70 Grad getrocknet werden.
Bohnenschalentee kann als unterstützendes Mittel zum milden Entwässern und Entschlacken bei Nierensteinen, Blasenleiden, Rheuma, Gicht, Ekzemen und Hautunreinheiten eingesetzt werden. Er gilt als blutdrucksenkend und harntreibend. Der Tee ist allerdings kein Ersatz für Arzneimittel bei Diabetes und ersetzt keineswegs den Arztbesuch. Wer Probleme mit Akne hat, kann den Sud auch zum Waschen des Gesichts verwenden.
Ein gehäufter Esslöffel Bohnenschalen wird mit ¼ Liter Wasser kalt angesetzt und zum Sieden gebracht. Etwa 3 bis 5 Minuten kochen lassen. Es empfiehlt sich, zwei- bis dreimal täglich eine Tasse frisch zubereitet zu trinken. Wer will, kann den Tee mit Honig süßen.

EVA MARIA LEIBER

Geburt

der Stall
ist mein Herz
manchmal geschieht
ein Wunder darin
und
aus dem Schnee
wächst ein Stern
in den Himmel

Vor 1225 Jahren – Kaiserkrönung Karls des Großen

Karl der Große kam wahrscheinlich am 2. April 747 oder 748 zur Welt. Er stammte aus dem Geschlecht der Karolinger, war seit 768 fränkischer König und seit dem Weihnachtstag des Jahres 800 Römischer Kaiser. Der Enkel des Hausmeiers Karl Martell erhielt schon zu Lebzeiten den Beinamen „der Große" und gilt seit dem Mittelalter als einer der bedeutendsten Herrscher des Abendlandes. Das Frankenreich erfuhr unter ihm seine größte Ausdehnung. Mit seiner Krönung durch Papst Leo III. vor 1225 Jahren am 25. Dezember 800 wurde das Kaisertum in Westeuropa erneuert. Karl der Große starb am 28. Januar 814 in Aachen. Auf Initiative Kaiser Friedrich Barbarossas sprach Gegenpapst Paschalis III. im Jahre 1165 Karl den Großen heilig. Seine Verehrung als Seliger ist geduldet, aber nicht offiziell anerkannt.

150. Geburtstag von Bernhard Lichtenberg

Der sel. Bernhard Lichtenberg kam vor 150 Jahren am 3. Dezember 1875 in Ohlau in Niederschlesien zur Welt. Er empfing 1899 in Breslau die Priesterweihe. Ab 1900 war er als Kaplan, Kurat und schließlich Pfarrer in Berlin tätig. Kurz nach Errichtung des Bistums Berlin im Jahr 1930 berief man Bernhard Lichtenberg als Dompfarrer an die St. Hedwigs-Kathedrale. Im Jahr 1938 ernannte man ihn zum Dompropst.

Schon vor 1933 hetzten die Nazis gegen Bernhard Lichtenberg, der den Besuch des Anti-Kriegs-Films „Im Westen nichts Neues" empfohlen hatte. Er protestierte 1935 gegen die ihm bekannt gewordenen Misshandlungen politischer Gefangener in den Konzentrationslagern.

Nach der Reichspogromnacht betete er in seinen Gottesdiensten drei Jahre lang öffentlich für die Juden, die nichtarischen Christen und alle von den Nationalsozialisten Inhaftierten. Im Oktober 1941 verhaftete ihn die Gestapo und ein Sondergericht verurteilte ihn wegen Vergehens gegen das „Heimtückegesetz" und der Verletzung des Kanzelparagraphen zu zwei Jahren Gefängnis. Nach Ablauf der Haft entließ man Lichtenberg nicht, sondern ordnete seine Deportation in das KZ Dachau an. Auf dem Transport dorthin wurde der schwer herz- und nierenkranke Priester in Hof in ein Krankenhaus eingeliefert.

Dort starb er geistig ungebrochen am 5. November 1943.

Papst Johannes Paul II. sprach den mutigen Seelsorger Bernhard Lichtenberg zusammen mit Karl Leisner bei seinem dritten Deutschlandbesuch 1996 in Berlin selig.

Die Gebeine des sel. Bernhard Lichtenberg ruhen in der Unterkirche der St. Hedwigs-Kathedrale in Berlin.

REZEPT

Gänsekeulen aus dem Ofen

für 4 Personen

ZUTATEN

- 125 g Möhren
- 125 g Knollensellerie
- 125 g Zwiebeln
- 4 Gänsekeulen
- 1 TL Lebkuchengewürz
- Salz
- Pfeffer
- 400 ml Fleischbrühe
- 400 ml Rotwein
- dunkler Saucenbinder

ZUBEREITUNG

Möhren, Sellerie und Zwiebeln in Würfel schneiden und in der Fettpfanne des Ofens verteilen. Die Haut der Keulen mehrfach einschneiden, rundum mit Lebkuchengewürz, Salz und Pfeffer würzen. Keulen im Ofen bei 180 °C etwa 120 min garen. Nach 30 min Brühe und Wein zum Gemüse gießen. Keulen auf einem Blech im ausgeschalteten Ofen ruhen lassen. Röststoffe von der Fettpfanne lösen. Sauce durch ein Sieb gießen, Fett abschöpfen und die Sauce mit Saucenbinder andicken.

Küchentipps

Gänsebraten
Je nach Größe der Gans beträgt die Zubereitungszeit ca. drei bis vier Stunden. Als Faustregel kann man pro Kilo Gans eine Stunde Bratzeit im Backofen rechnen. Wer es eilig hat, der sollte nur Gänsekeulen für das Festessen einkaufen.

Knuspriger Gänsebraten
Damit der Gänsebraten schön knusprig wird und nicht austrocknet, begießt man die Gans immer wieder mit dem austretenden Bratensaft. Damit das Fett austritt, sticht man die Gans während des Garens mehrmals unterhalb der Keulen an.

SR. M. GABRIELA ZINKL UND MADELEINE SPENDIER

Im Licht einer Kerze betrachtet

Jeden Sonntag im Advent brennt wieder eine Kerze mehr am Adventskranz. Der Advent, das Warten auf Weihnachten, ist für mich die beste Zeit, um Kerzen anzuzünden. Eine brennende Kerze ist etwas Einzigartiges. Sie setzt ein unaufdringliches Zeichen von Wärme und Nähe in unsere Welt, gerade im kalten und dunklen Winter. Keine Glühbirne, keine noch so moderne LED-Lampe kann es mit dem beruhigenden natürlichen Licht einer Kerze aufnehmen.

In unseren Kirchen haben Kerzen und das Anzünden von Kerzen das ganze Jahr über Saison. Schon kleine Kinder können erzählen, dass eine Kirche ein Ort ist, wo immer Kerzen brennen, anders als zu Hause. In vielen Kirchen und Kapellen auf der ganzen Welt gibt es tagsüber die Möglichkeit, ganz privat eine kleine Kerze anzuzünden, oft in einer Gebetsnische, Seitenkapelle oder Krypta. Und es gibt unzählige Menschen, die das jeden Tag tun, irgendwo auf der Welt. Sie zünden dort eine kleine Kerze an und bringen ihre ganz persönlichen Anliegen, Sorgen und Hoffnungen vor Gott. Ganz oft geschieht das aus dem Grund, weil sie selber nicht mehr aus noch ein wissen. Ich mag diese Gebetsorte in den Kirchen sehr gern. Man kann dort das Gebet und die Nöte der Menschen und ihr Vertrauen auf Gott fast mit den Händen greifen und an der Anzahl der brennenden Kerzen sehen. Da kommt zum Beispiel ein junger Mann mit gestyltem Haar und Aktentasche zum Seitenaltar und schaut seiner Kerze noch lange Zeit sehnsuchtsvoll nach, auch beim Hinausgehen. Da ist ein Mädchen mit Schulrucksack über der Schulter, das seine Kerze gekonnt platziert und die Kirche nach einer raschen Kniebeuge wieder verlässt, als würde sie zu einer anstehenden Prüfung eilen. Da blickt eine ältere

GEBET BEIM KERZENANZÜNDEN

Verbinden Sie es doch jedes Mal mit einem kleinen Gebet, wenn Sie eine Kerze an Ihrem Adventskranz entzünden. Vielleicht senden Sie einen Gedanken an einen lieben Menschen himmelwärts ...

Frau mit strähnigem Haar, tiefen Augenringen und traurigem Blick ihre Kerze lange und hoffnungsvoll an und spricht mit den Lippen ein stummes Gebet, bevor sie in bedrückter Haltung fortgeht.
Das Anzünden einer Kerze ist für mich viel mehr als nur eine nette Entspannungsübung-Übung oder das i-Tüpfelchen für romantische Stimmung. Die Zeit des Advents mit Adventskranz und Kerzenschein will uns jedes Jahr wieder an das Wesentliche erinnern: dass auch in dunkelster Nacht ein Licht für uns leuchten wird, so wie damals in Betlehem. Dass Gott für uns Mensch geworden ist, in einem kleinen Stall, dort, wo niemand mit ihm gerechnet hat. Daran denke ich, wenn nach und nach eine Kerze mehr am Adventskranz leuchtet.

ALBANISCHES MÄRCHEN

Das Geschenk des heiligen Nikolaus

Es war bitterkalt in jenem Jahr, so kalt wie nie zuvor. Und es war der Abend vor dem Tag des heiligen Nikolaus. Unerkannt ging der Heilige an diesem Abend durch die Lande, wie er es zuweilen zu tun pflegte. Er gelangte an den Hof des Königs. Dort traf er drei kleine Brüder beim Versteckspiel. „Was macht ihr hier am Hof des Königs?“, fragte Nikolaus die drei Kinder.

„Wir sind Waisen, Herr. Der König hat uns an seinem Hof aufgenommen, er ernährt und kleidet uns und lässt uns hier erziehen“, antwortete einer der Jungen. „Ich bin der heilige Nikolaus“, sagte da der fremde Mann. „Ich bin gekommen und will euch zu reichen Männern machen. Jeder darf einen Wunsch aussprechen, den ich ihm erfüllen werde.“

Die drei Brüder staunten und konnten ihr Glück gar nicht fassen.

„Nun, was wünschst du dir?“, fragte der Heilige den Ältesten.

„Ich wünsche mir eine riesengroße Schafherde und dazu Weideland, so weit das Auge reicht.“

„Du bekommst deine Schafe und das Weideland“, sprach der heilige Nikolaus. „Und was willst du?“, fragte er den Zweiten.

„Ich will einmal ein großer Kaufherr werden. Und dazu brauche ich eine Stadt mit vielen Kaufläden.“

„Du wirst deine Stadt und dazu die Läden bekommen“, bekam er zur Antwort. „Und du, was willst du von mir als Geschenk?“, fragte der Heilige den jüngsten Bruder.

„O Herr“, sagte der, „ich glaube, es ist am wichtigsten, eine Frau zu bekommen, mit der man sich in allem versteht und die ein gütiges Herz hat.“

„Auch dieser Wunsch soll erfüllt werden“, sagte Nikolaus und ging darauf seiner Wege.

Nach ein paar Jahren, als die drei Jungen erwachsen geworden waren, erfüllten sich die Wünsche. Der Älteste bekam eine große Schafherde und ausgedehntes Weideland. Der Zweite wurde einer der reichsten Kaufleute im Land mit einer Stadt voller Läden, in denen man kaufen konnte, was das Herz begehrte. Der dritte Bruder aber, der Jüngste, fand eine Frau, die die Güte selbst war und die er innig liebte.

Und wiederum vergingen einige Jahre. Da ging der heilige Nikolaus am Vorabend seines Festes wieder unter die Menschen. Er war aber diesmal in Lumpen gekleidet wie ein Bettler, sodass ihn niemand erkennen konnte.

Zuerst besuchte er den Ältesten der Brüder, den, dem er den Wunsch nach einer großen Schafherde erfüllt hatte.

„Guten Abend“, sagte Nikolaus.

„Schönen guten Abend“, erwiderte der junge Mann.
„Schenkst du mir bitte etwas, denn morgen ist das Fest des heiligen Nikolaus.“
„O nein“, sagte da der Mann. „Das kann ich nicht machen. Wie käme ich dazu, jedem Fremden etwas zu schenken? Mein Reichtum wäre bald dahin. Aber nimm meine besten Wünsche für eine glückliche Weiterreise.“
„Aber du hast deinen Reichtum doch nicht deinem eigenen Fleiß zu verdanken, du hast doch alles geschenkt bekommen“, wandte der Alte in Lumpen ein. „Der heilige Nikolaus hat dir alles gegeben. Doch da du so hartherzig bist, wirst du bald alles wieder verlieren.“
Der Fremde ging.
In jener Nacht aber verwandelten sich alle Schafe des reichen Mannes in Felsen.
Der heilige Nikolaus zog weiter seines Wegs und gelangte in die Stadt des reichen Kaufmanns. Er ging zu ihm und entbot ihm einen guten Tag.
„Guten Tag, Fremder“, grüßte der Kaufmann zurück.
„Schenkst du mir etwas?“, fragte Nikolaus, „weil wir morgen ein großes Fest feiern.“
„Mach nur, dass du weiterkommst, Alter! Soll dir doch jemand anderer etwas schenken. Ich wäre ja bald ein armer Mann, wenn ich jeden Dahergelaufenen beschenken würde. Nein, von mir bekommst du nichts.“
„All die vielen Läden in deiner Stadt hast du aber nicht durch eigenen Fleiß erworben. Gott hat sie dir durch den heiligen Nikolaus geschenkt. Hast du das vergessen? Ich prophezeie dir, dass dir all dein Reichtum wieder genommen wird.“
Kaum hatte der Heilige die Stadt verlassen, brach ein großes Feuer aus, das alle Läden des Kaufmanns und seine Waren vernichtete.
Der heilige Nikolaus ging daraufhin zum Jüngsten der drei Brüder und klopfte an die Tür seines bescheidenen Hauses. Der Mann öffnete die Tür, seine Frau trat herzu, und beide baten ihn herzlich, einzutreten. „Sei uns willkommen“, begrüßten sie den Alten.
„Ich bin schmutzig“, erwiderte der vermeintliche Bettler. „Ich kann nicht hereinkommen in eure Stube. Aber wenn ihr hier an der Tür ein Plätzchen für mich habt, so bin ich zufrieden. Dann muss ich nicht draußen in der Kälte nächtigen.“
„Nein und abermals nein“, riefen Mann und Frau wie aus einem Munde. „Heute, am Vorabend des Nikolaustages, werden wir dich doch nicht vor der Tür

sitzen lassen. Bitte, tritt ein!" Und sie führten ihn mit vielen guten Worten in die Stube; sie reichten ihm warmes Wasser, damit er sich waschen konnte. Sie baten ihn auf ihren bequemsten Stuhl und bewirteten ihn mit den besten Speisen und Getränken, die sie im Hause hatten.
Der Fremde aß und trank und unterhielt sich mit seinen Gastgebern. Dabei bemerkte er eine stille Traurigkeit, die die beiden zwar zu verbergen suchten, was ihnen aber nicht gelingen wollte.
„Habt ihr irgendeinen Kummer?", fragte der Heilige nach einer Weile.
Der Mann und die Frau schauten sich an. Und als die Frau nickte, begann der Mann zu sprechen: „Wir haben genug zu essen", sagte er. „Wir haben uns lieb und sind mit unserem Leben zufrieden. Nur beten wir schon seit vielen Jahren, dass Gott uns ein Kind schenken möge. Doch unsere Gebete wurden nicht erhört."
Der fremde Mann sah die beiden lange an. Dann sprach er: „Ich bin der heilige Nikolaus. Ihr habt mich bewirtet wie einen König, obwohl ich aussehe wie ein Bettler. Ich werde euren Wunsch erfüllen. Ihr werdet einen Sohn bekommen."
Nach diesen Worten erhob sich der heilige Nikolaus, ging zur Tür und verließ das Haus.
Übers Jahr aber, als der Herbst ins Land zog, gebar die Frau einen Sohn. Ein Freudenfest wurde gefeiert, und die Eltern gaben dem Kind den Namen Nikolaus.
Dankbar gedachten sie des Heiligen, der ihren sehnlichsten Wunsch erfüllt hatte.

VOLKSGUT

Lieber heiliger Nikolaus

Lieber heiliger Nikolaus,
komm doch heut in unser Haus,
lehr uns an die Armen denken,
lass uns teilen und verschenken,
zeig uns, wie man fröhlich gibt,
wie man hilft und wie man liebt.

REISETIPP

ST. NIKOLAIKIRCHE IN WISMAR

Zwischen 1380 und 1487 wurde die imposante dreischiffige Backsteinbasilika nach dem Vorbild der Lübecker Marienkirche errichtet. Mit einer Höhe von 38 Metern ist das Mittelschiff das vierthöchste in Deutschland. Schlanke, achteckige Pfeiler und die hohen dreiteiligen Fenster geben dem Innenraum seine Struktur. Mit der Wismarer Altstadt steht St. Nikolai seit 2002 auf der Liste des UNESCO-Weltkulturerbes. Von der bedeutenden Innenausstattung sind der barocke Hochaltar, der Orgelprospekt und die Kanzel aus dem 18. Jahrhundert, die bronzene Tauffünte des 14. Jahrhunderts und der Schifferaltar vom Anfang des 16. Jahrhunderts sehenswert. Nach dem Zweiten Weltkrieg kamen weitere Ausstattungsstücke aus den zerstörten Kirchen Wismars hinzu, so das um 1430 geschaffene figurenreiche Hochaltarretabel aus St. Georgen, das größter seiner Art im Ostseeraum.
www.kirchen-in-wismar.de/kirchen-und-tourismus/st-nikolai/

INHALTSVERZEICHNIS

TEXTNACHWEIS

S. 6f. Christoph Kardinal Schönborn, Folge dem Kompass deines Herzens, © Alle Rechte beim Autor.
S. 8, 72, 98, 122, 134 aus: Manfred Becker-Huberti, Das Brauchtum im Kirchenjahr. Entstehung, Bedeutung, Tradition, © 2009, St. Benno Verlag GmbH, Leipzig.
S. 9, 21, 33, 47, 61, 73, 87, 99, 111, 123, 135, 147 (Tipp) aus: Sr. Hedwig, Mein Klostergarten, Rezepte und Kräutertipps, © St. Benno Verlag GmbH, Leipzig.
S. 11, 23 Rosenkohlsuppe, von Sr. Dr. Justina Metzdorf OSB, aus: Wintergemüse. Der Adventskalender, Rezepte & Gartentipps aus dem Klostergarten, © 2023, St. Benno Verlag GmbH, Leipzig.
S. 12f. Ellen Schöler, Der König aus dem Morgenland, aus: Ellen Schöler, Der Weihnachtsapfel, Arena Verlag, Würzburg 1970, © Esther Schöler.
S. 14 Hermann Multhaupt, Göttlicher Glanz, aus: Hermann Multhaupt, Legende der Hl. Drei Könige nach Johannes von Hildesheim, © St. Benno Verlag GmbH, Leipzig, 2023.
S. 15 Bettine Reichelt, Zum Beginn, © Alle Rechte bei der Autorin.
S. 15, 27, 155 (Reisetipp) aus: Dirk Klingner, Orte der Stille, Orte des Glaubens. Die schönsten Kirchen, Klöster, Kathedralen. 365 Porträts für jeden Tag, © St. Benno Verlag GmbH, Leipzig.
S. 18 Anselm Grün, Simeon und Hanna, aus: Anselm Grün, Zeit der Erfüllung © Vier-Türme GmbH, Münsterschwarzach.
S. 19, 109 (Bibeltexte) Einheitsübersetzung der Heiligen Schrift © 2016 Katholische Bibelanstalt GmbH, Stuttgart. Alle Rechte vorbehalten.
S. 20, 32, 60, 86, 110 aus: P. Dr. Eckhard Bieger SJ, Feste & Brauchtum im Kirchenjahr. Entstehung, Bedeutung und Traditionen, © 2015 St. Benno Verlag GmbH, Leipzig.
S. 24f. Peter Dyckhoff, Sich von Unnützem befreien, aus: Peter Dyckhoff, Leben in Freundschaft mit Gott, © St. Benno Verlag GmbH, Leipzig, 2022.
S. 26 Heidi Kowalsky, Das einsame Schneeglöckchen, © Alle Rechte bei der Autorin.
S. 30f. Kurt Kardinal Koch, Fastenzeit: Pflege des christlichen Trainings, aus: Kurt Kardinal Koch, Vom Tod zum Leben. Ein Wegbegleiter durch die Fasten- und Osterzeit, © Verlag Herder GmbH, Freiburg i. Br. 2023.
S. 33 Eugen Roth, Vor Ostern, © Dr. Thomas Roth, München.
S. 35, 39, 63, 75, 101, 113 aus: 40 Fastenrezepte aus der Natur, © St. Benno Verlag GmbH, Leipzig.
S. 36 Brigitte Goßmann, Zeit der Gnade, © Alle Rechte bei der Autorin.
S. 37 Martina Liebhäuser-Haggenmüller, Herr, schenke mir Geduld, © Alle Rechte bei der Autorin.
S. 37 Martina Liebhäuser-Haggenmüller, Gewinn durch Verzicht, © Alle Rechte bei der Autorin.
S. 38ff. Angelika Wolff, Pfützenwetter, © Alle Rechte bei der Autorin.
S. 41 (Reisetipp) aus: Dirk Klingner, Maria. Wallfahrtskirchen, Pilgerwege, Museen, © St. Benno Verlag GmbH, Leipzig.
S. 44f. Papst Johannes Paul II., Jesus lebt und wir leben in ihm, © Libreria Editrice Vaticana, Città del Vaticano.
S. 46 Elisa Vogginger, Osterlachen, © Alle Rechte bei der Autorin.
S. 50 Ellen Ullrich / Hildegunde Keul, Gott des Lebens!, leicht geändert aus: Benedikta Hintersberger / Andrea Kett / Hildegund Keul / Aurelia Spendel (Hrsg.) Du bist der Atem meines Lebens © Patmos Verlag. Verlagsgruppe Patmos in der Schwabenverlag AG, Ostfildern, 2. Auflage 2012. www.verlagsgruppe-patmos.de
S. 51 Anton Rotzetter, Gebet, aus: Anton Rotzetter, Gott, der mich atmen lässt © 2016 Verlag Herder GmbH, Freiburg i. Br.
S. 51 Dominique Fuchs, Den Stein ins Rollen bringen, © Alle Rechte bei der Autorin.
S. 55 Maria Radziwon, Mitten im Dunkeln, © Alle Rechte bei der Autorin.
S. 58f. Hanns Dieter Hüsch, Psalm 19, aus: Hanns Dieter Hüsch/Uwe Seidel, Ich stehe unter Gottes Schutz, Seite 57f, 2018/16 © tvd-Verlag Düsseldorf, 1996.
S. 64f. Hanns Dieter Hüsch, Mai, © tvd-Verlag Düsseldorf.
S. 65f. Ursula Berg, Der Tulpenstrauß, Leicht veränderter Auszug aus: Ursula Berg, Der Tulpenstrauß. In: Dies., Zum Altwerden ist immer noch Zeit © 2016, Verlag Herder GmbH, Freiburg im Breisgau, S. 45f.
S. 67 (Reisetipp) aus: Dirk Klingner, Kirchen, Klöster, Pilgerwege. 299 versteckte Schönheiten, © St. Benno Verlag GmbH, Leipzig.
S. 70f. Notker Wolf, Der Geist Gottes – ein demokratischer Geist, aus: Abtprimas Notker Wolf mit Leo G. Linder, Aus heiterem Himmel. Gott segne Sie. Meine Einfälle für das Leben hier unten, Rowohlt Taschenbuch Verlag 2010, © 2008, 2009 by Rowohlt Verlag GmbH.
S. 71 Andreas Knapp, heiliger geist, aus: Andreas Knapp: Tiefer als das Meer. Gedichte zum Glauben © 2005 Echter Verlag Würzburg 6. Aufl. 2018, S. 48.
S. 76f. P. Reinhard Körner OCD, Rede Gott an! – innerlich, persönlich, von Ich zu Du, aus: Reinhard Körner, Leb selber Kirche. Eine Kurzanleitung, © 2023, St. Benno Verlag GmbH, Leipzig.
S. 78ff. Helmut Zöpfl, Der kleine Prinz kehrt zurück – Wie alles begann, aus: Helmut Zöpfl, Die neuen Abenteuer des kleinen Prinzen, © St. Benno Verlag GmbH, Leipzig.
S. 81, 93, 117, 129 (Reisetipp) aus: Dirk Klingner, 555 x entdecken. Kirchen, Klöster, Kathedralen, © St. Benno Verlag GmbH, Leipzig.
S. 84 Albert Schweitzer, Trost bei Bach, aus: ders., Johann Sebastian Bach © by Breitkopf & Härtel, Wiesbaden, 1972.
S. 85 Rose Ausländer, Bachfuge, aus: dies., Im Aschenregen die Spur deines Namens, Gedichte und Prosa 1976. © S. Fischer Verlag GmbH, Frankfurt am Main 1984.
S. 90ff. Maria Sassin, Kevelaerwallfahrt, © Alle Rechte bei der Autorin.
S. 93 Elisa Vogginger, Pilgersegen, © Alle Rechte bei der Autorin.
S. 96 Mutter Teresa, Mach uns würdig, Herr, zu dienen, Auszug aus der Rede bei der Verleihung des Friedensnobelpreises am 10. Dezember 1979 in Oslo/Norwegen.
S. 97 Mutter Teresa, Herr, gib mir. In: dies., Gebete und Vermächtnis, © Christiana-Verlag, CH-Stein am Rhein / fe-Medien Verlags GmbH, Kisslegg.
S. 99 Annemarie Jaschinski, Gegen alle Vernunft, © Alle Rechte bei der Autorin.
S. 102ff. Peter Biqué, Für immer in der Südsee; Im Strandkorb an der Nordsee, © Alle Rechte beim Autor.
S. 105 (Reisetipp) aus: Dirk Klingner, Die Schönen am Meer. Kirchen an der Nord- & Ostseeküste, © St. Benno Verlag GmbH, Leipzig.
S. 108f. Papst Franziskus, Der dankbare Samariter, © Libreria Editrice Vaticana, Città del Vaticano.
S. 112 70. Todestag von Schwester Maria Euthymia, aus: Dirk Klingner, Den Heiligen auf der Spur. Wallfahrtskirchen, Wirkungsstätten, Reliquien, © St. Benno Verlag GmbH, Leipzig.
S. 114f. Thomas Hanstein, Wer klopft denn da?; Gesegnet, aus: Thomas Hanstein, Das Heilige in allem Hören, © St. Benno Verlag GmbH, Leipzig.
S. 116 Tobias Carl Reynolds, Der wichtigste Helfer, © Alle Rechte beim Autor.
S. 117 Martina Liebhäuser-Haggenmüller, Sende mir deine Boten, © Alle Rechte bei der Autorin.
S. 120f. P. Daniel Hörnemann OSB, Geborgenheit, © Alle Rechte beim Autor.
S. 126ff. Ursula Stenger, Wo ist Adam?, © Alle Rechte bei der Autorin.
S. 129 Papst Paul VI., Mach uns würdig, © Libreria Editrice Vaticana, Città del Vaticano.
S. 132f. Hermann-Josef Zoche, Bleiben Sie nicht, wie Sie sind – Da ist noch Luft nach oben ..., aus: Hermann-Josef Zoche, Heiliger Strohsack!: Un-erhörte Ansichten eines Landpfarrers, © St. Benno Verlag GmbH, Leipzig.
S. 133 Brigitte Goßmann, Guter Gott, © Alle Rechte bei der Autorin.
S. 137 Thymiantarte mit Kräuterblüten, aus: Wintergemüse. Der Adventskalender, Rezepte & Gartentipps aus dem Klostergarten, © 2023, St. Benno Verlag GmbH, Leipzig.
S. 138f. aus: Marion Küstenmacher, Von der Freude einfacher Dinge, © 2022, St. Benno Verlag GmbH, Leipzig.
S. 140 Adalbert Ludwig Balling, Humorvolle Brüder, aus: Reinhard Abeln / Adalbert Ludwig Balling / Johannes Kuhn, Zum Glück ist man nie zu alt, © 2021 St. Benno Verlag GmbH, Leipzig.
S. 141 Judith Wenk, Christus König, © Alle Rechte bei der Autorin.
S. 141 aus: Dirk Klingner, Reiseführer Wallfahrtsorte, Raststätten für die Seele, © St. Benno Verlag GmbH, Leipzig.
S. 144f. Michael Dotzauer, Freiheit und Liebe, © Alle Rechte beim Autor.
S. 146 Burkhard Budde, Verkehrte Welt? – Zum Nikolaustag, © Alle Rechte beim Autor.
S. 147 Eva Maria Leiber, Geburt, aus: „Gesegnete Weihnacht", Verlag am Eschbach 2005 © Alle Rechte bei der Autorin.
S. 150 Sr. M. Gabriela Zinkl und Madeleine Spendier, Im Licht einer Kerze betrachtet, aus: Sr. M. Gabriela Zinkl und Madeleine Spendier, Die gute Zeit ist nah – Achtsam durch den Advent, © St. Benno Verlag GmbH, Leipzig.

Wir danken allen Inhabern von Textrechten für die Abdruckerlaubnis. Der Verlag hat sich bemüht, alle Inhaber von Rechten in Erfahrung zu bringen. Für zusätzliche Hinweise sind wir dankbar.

BILDNACHWEIS

S. 2f. © stock.adobe.com/Patryk Kosmider; S. 4f. © stock.adobe.com/Laurentiu Iordache; S. 6 © stock.adobe.com/Waldemar Seehagen; S. 7 © picture alliance / dpa / Julien Warnand; S. 8f. © stock.adobe.com/svetlana_cherruty; S. 9 oben © Lucien Lenzen; S. 9 unten © stock.adobe.com/Christoph Werner_LTwilight; S. 10, 19, 60, 74, 85, 148 Wikimedia Commons; S. 10f. © stock.adobe.com/NMacTavish; S. 11 © stock.adobe.com/sonyakamoz; S. 15 © stock.adobe.com/ Mistervlad; S. 16f. © stock.adobe.com/Ingo Bartussek; S. 18 © stock.adobe.com/puhimec; S. 20 © stock.adobe.com/Björn Wylezich; S. 21 © stock.adobe.com/IrisArt; S. 22 © KNA GmbH, www.kna.de, All Rights Reserved; S. 22f. © stock.adobe.com/fotozick; S. 23 © stock.adobe.com/MissesJones; S. 24 © stock.adobe.com/yanadjan; S. 25, 71 © Privat; S. 26 © stock.adobe.com/Victoria Kondysenko; S. 27 © Kunstverlag Josef Fink, Lindenberg/Allgäu; S. 28f. © stock.adobe.com/Smileus; S. 30 © stock.adobe.com/Netzer Johannes; S. 31 © picture-alliance/ epd-bild / Heike Lyding; S. 32 © stock.adobe.com/Jürgen Fälchle; S. 33 © stock.adobe.com/womue; S. 34 © stock.adobe.com/marugod83; S. 34f. © stock.adobe.com/brichuas; S. 35 © stock.adobe.com/Africa Studio; S. 36 © stock.adobe.com/hkama; S. 37 © stock.adobe.com/shaiith; S. 40f. © stock.adobe.com/AkuAku; S. 41 © stock.adobe.com/fotoping; S. 42f. © stock.adobe.com/Leonid Tit; S. 44 © stock.adobe.com/AungMyo; S. 45, 62, 112 © KNA-Bild; S. 46 © stock.adobe.com/fotoknips; S. 47 © stock.adobe.com/unpict; S. 48 picture alliance / empics / Leon Neal; S. 48f. © stock.adobe.com/netsign; S. 49, 75 © stock.adobe.com/nikolaydonetsk; S. 50 © stock.adobe.com/ jchizhe; S. 51 © stock.adobe.com/hal_pand_108; S. 54f. © stock.adobe.com/Paul Atkinsons; S. 55 © stock.adobe.com/Tomas Marek; S. 56f. © stock.adobe.com/kishivan; S. 58 © stock.adobe.com/auergraphics; S. 59 © picture alliance / Horst Galuschka / Horst Galuschka; S. 61 © stock.adobe.com/Anastasiia Malinich; S. 62f. © stock.adobe.com/SimpLine; S. 63 © stock.adobe.com/Esin Deniz; S. 66f. © stock.adobe.com/Swetlana Wall; S. 67 © Jörg Blobelt/CC-BY-SA-4.0 (Wikimedia Commons); S. 68f. © stock.adobe.com/emperorcosar; S. 70 © stock.adobe.com/Jag.cz; S. 71 © stock.adobe.com/dedi; S. 72 © stock.adobe.com/Hans und Christa Ede; S. 73 © stock.adobe.com/maunzel; S. 74f. © stock.adobe.com/weenee; S. 76 © stock.adobe.com/Ananass; S. 77 © Reinhard Körner OCD; S. 80f., 96, 104f. © stock.adobe.com/Jenny Sturm; S. 81 © picture alliance / DUMONT Bildarchiv / Reinhard Schmid; S. 82f. © stock.adobe.com/Stephan; S. 84 © stock.adobe.com/ParinPIX; S. 86 © stock.adobe.com/Rojo; S. 87 © stock.adobe.com/Bobo; S. 88 picture-alliance /dpa / dpa; S. 88f. © stock.adobe.com/pingebat; S. 89 © stock.adobe.com/FomaA; S. 92f. © stock.adobe.com/Sina Ettmer; S. 93 © stock.adobe.com/draghicich; S. 94f. © stock.adobe.com/Eleonora; S. 97 © picture alliance / Heritage-Images / SFGP-Index / Heritage-Images; S. 98f. © stock.adobe.com/Stripped Pixel; S. 99 © stock.adobe.com/Alexander Raths; S. 100 © picture alliance / dpa / DB; S. 100f. © stock.adobe.com/JiSign; S. 101 © stock.adobe.com/zoryanchik; S. 105 © Lokilech/CC-BY-SA-3.0 (Wikimedia Commons); S. 106f. © stock.adobe.com/Svetlana Kolpakova; S. 108 © stock.adobe.com/kieferpix; S. 109 © John Salmon/CC-BY-SA-2.0 (Wikimedia Commons); S. 110 © Natalia Bratslavsky/Shutterstock; S. 111 © stock.adobe.com/spline_x; S. 112f. © stock.adobe.com/SG-design; S. 113 © stock.adobe.com/Volodymyr Shevchuk; S. 114 © BooFamily/Shutterstock; S. 115 © HUANG Zheng/Shutterstock; 116f. © stock.adobe.com/maryviolet; S. 117 © stock.adobe.com/Jan Schuler; S. 118f. © stock.adobe.com/JenkoAtaman; S. 120 © stock.adobe.com/Stockfotoart; S. 121 © Wolfgang Marzahn; S. 122 © Mattes/CC-BY-SA-2.0 (Wikimedia Commons); S. 123 © stock.adobe.com/Johanna Mühlbauer; S. 124 © Wolfgang Cibura/Shutterstock; S. 124f. © stock.adobe.com/Artenauta; S. 125 © stock.adobe.com/Susiwe; S. 128 © stock.adobe.com/Lumos sp; S. 129 © stock.adobe.com/desico; S. 130f. © stock.adobe.com/Pecold; S. 130f. © stock.adobe.com/Ivan Kmit; S. 132 © stock.adobe.com/Choat; S. 133 © stock.adobe.com/New Africa; S. 134 © stock.adobe.com/Klaudia; S. 135 © stock.adobe.com/ExQuisine; S. 136 © Thomas Mirtsch/CC-BY-SA-3.0 (Wikimedia Commons); S. 136f. © stock.adobe.com/EH Grafik; S. 137 © stock.adobe.com/Stepanek Photography; S. 138 © stock.adobe.com/eyetronic; S. 139 © stock.adobe.com/DoraZett; S. 140f. © stock.adobe.com/otsphoto; S. 141 © stock.adobe.com/Frank Krautschick; S. 142f. © stock.adobe.com/ville; S. 144f. © Alonso de Mendoza/CC-BY-SA-3.0 (Wikimedia Commons); S. 146 © picture alliance / dpa / Thomas Warnack; S. 147 © stock.adobe.com/chamillew; S. 148f. © stock.adobe.com/lukbar; S. 149 © stock.adobe.com/hercher; S. 150 © stock.adobe.com/Kzenon; S. 151 © stock.adobe.com/Hero; S. 154f. © stock.adobe.com/imageBROKER; S. 155 © stock.adobe.com/Evgenia Czech

Bibliografische Informationen der Deutschen Nationalbibliothek
Die Deutsche Nationalbibliothek verzeichnet diese Publikation in der Deutschen Nationalbibliografie; detaillierte bibliografische Daten sind im Internet über http://dnb.d-nb.de abrufbar.

Besuchen Sie uns im Internet:
www.st-benno.de

Gern informieren wir Sie unverbindlich und aktuell auch in unserem Newsletter zum Verlagsprogramm, zu Neuerscheinungen und Aktionen. Einfach anmelden unter www.vivat.de.

ISBN 978-3-7462-6490-5

Covermotiv: Pfarrkirche St. Sebastian in Ramsau bei Berchtesgaden, © stock.adobe.com/JFL Photography
Redaktion: Dirk Klingner, Leipzig
Umschlag: Ulrike Vetter, Leipzig
Gesamtherstellung: Kontext, Dresden (A)